青山繁晴
Shigeharu Aoyama

王道の日本、
Japan Going Along Rules of Right,
覇道の中国、
China Going Along Rules of Trickery,
火道の米国
America Going Along Rules of Firebird

PHP

王道の日本、覇道の中国、火道の米国

目次

序の節　9

第1部　夜明け

第1節　プライド　12
第2節　世界を決める一〇のプレーヤー　26
第3節　泥沼にはまる米中経済　42
第4節　居るはずのない国民　48
第5節　「知床旅情」の歌詞は誤りだった　51
第6節　北千島の戦い　61
第7節　日本は自前のエネルギーを開発する　65
第8節　メタン・ハイドレートの島　68
第9節　世界第四位の「海の国」　73
第10節　抹殺されていたウイグル人の歴史　75

第2部　カオス

第1節　偽装の北京オリンピック　80
第2節　「これはアホウではないですか」　83
第3節　中国の宇宙開発は侵略目的だ　87
第4節　外交の総力戦だった北京オリンピック　97
第5節　栄華を極める上海が喪ったもの　99
第6節　兵士が警察に化けている　109
第7節　ハッキングされたアメリカ　116
第8節　なぜ中国の外相を呼べないのか　125
第9節　「親日」の戦略に易々と乗る人々　130
第10節　「何も、協議はなかったよ」　132
第11節　「首相官邸も外務省も信用していません」　136
第12節　誤魔化される食品テロ事件　140
第13節　警察庁は完全に孤立した　143
第14節　何もしなかった福田首相　146

第15節　「これは、日本国民の関心がとても高いんですよ」　152
第16節　仕掛けてきた中国　156
第17節　真の動機は中国の巨大な社会矛盾　160
第18節　「テロじゃなくて独立戦争です」　165
第19節　中国の要求を丸呑みしたアメリカ　168

第3部　国境崩壊

第1節　つくられた憎しみ　174
第2節　崩壊するトリックスター　188
第3節　人類史上最悪の国家　192
第4節　恐怖のギャンブル　201
第5節　アメリカとロシアが軍事衝突する日　210

第4部　連帯

第1節　高僧からの書き込み　236

第2節　本来の目的に集中する　250
第3節　「自ら考えていただきたい」　258
第4節　これが出発点だ　269

第5部　ザ・ゲンバ

第1節　逃げない　284
第2節　侵されつつある島　291
第3節　戦争抑止のため対馬に自衛隊の戦闘部隊を　295
第4節　消えた「戦闘部隊」という言葉　299
第5節　国際司法裁判所で王道を示す　308

終《つい》の節　321

装丁：芦澤泰偉
本文写真：著者

書物から情報だけではなく、われらどう生き、いかに死すか、その志を汲みとるすべての読み手へと、この書を捧ぐ。

青山繁晴　拝

二〇〇九年　夏

この書には、同じ言葉でも漢字で表記したり、ひらがな、カタカナで表記したりといった不統一がありあります。

それは、わたしなりの日本語に対する信念と愛情にもとづく書き分けです。

ふつうの書籍の校正ぶりとは異なりますが、ご諒解ください。

著者

序の節

このささやかな書物の扉を開いたひとに、ひとつのお願いがあります。

開いたらまず、軽く、書を閉じてください。

開けば、閉じる。

そのわけは、表紙をもう一度、みていただきたいからです。

表紙には地図があります。

見慣れているようで見慣れない地図ではないでしょうか。

その地図のなかへ、わたしたちが入っていく。

それは、長いあいだ縛られてきた思い込みから、みずからを解き放つ、初めの一歩です。


わたしたち日本国民はいま、良心的なひとであればあるほど悲しみと怒りを、マスメディア、内政と外交、経済と金融のありかた、そして会社や家庭の身近な社会生活のすみずみに感じながら、多くは語らずにいるのではないでしょうか。

そこを脱する初めの小さな一歩として、たとえばこの新しい地図があることを、書物を通じて出逢うあなたにこそ、わたしは魂から伝えたい。

第1部　夜明け

第1節　プライド

この書物の赤い扉にある、日本領と中国領は、それぞれ日中の学校で教える地図とは異なっている。

白い色は日本領だ。

学校で「北方領土」と教わってきた島々である択捉《えとろふ》島、国後《くなしり》島、色丹《しこたん》島、歯舞《はぼまい》諸島の四島が、それを不法に占領するロシアの手から離れて、ほんらいの日本領に無事、戻っている。

しかし、それだけではない。

ロシア名ではサハリンと呼ばれる樺太、その南半分と、さらに千島列島の全島も、白い色の日本領だ。

オホーツク海の風雪に耐えて、日本国民が懸命に開拓してきたこれらの島々が、国際法の定めるままにフェアに日本に戻るなら、この地図になる。

そして、小さくて、表紙の大縮尺の地図には現れないが日本海の竹島、東シナ海の尖閣諸島はすべて、いささかの揺らぎもなく、ほんらいの日本領のままである。

日本国がやっと、日本国に戻る。

一方、中国領も、ほんらいの領土に戻る。それが明るい黄土色の地図だ。

黄土色の中国領と平和に隣りあっている深い大地の色の独立国家群は、南から順にチベット、東トルキスタン共和国、モンゴルである。

現在ではまだ、それぞれ中華人民共和国のチベット自治区、新疆ウイグル自治区、内モンゴル自治区（とすでに独立しているモンゴル国）となっている。

だから、二〇〇八年夏の北京オリンピックに対して、それはわれらのオリンピックではないとチベット人、ウイグル人が声をあげ、中国は殺害を含む弾圧という覇道で、これに応えた。

覇道は必ず、新たな動乱を呼ぶ。二〇〇九年夏には、ウイグル人が再び中国の武力弾圧に立ち向かった。

ほんとうは、この地図でもまだ、埋もれてしまう民族の地がある。それは、たとえば女真人（満州人）の満州だ。女真人は、中華人民共和国の徹底した民族政策によって自治区すら与えられず、漢人のなかへ溶け込まされるように、民族としての自律を奪われている。この地図においてなお、姿が現れない。

わたしは内モンゴル自治区出身の女性と、東京で話したとき「わたしたちも、自治区とは名ばかりで、すくなくとも私の気持ちのうえでは、もう漢人との区別がつきません。口惜しいとは思うけど、民族としての再生はできないかもしれない」と聞かされた。

それでも自治区がある以上は、こうやって地図に表現はできる。どうにも表現のしようのない民族も中国にはいるのだ。

わたしは、中華人民共和国はただ漢人だけの国になるべきだと述べているのではない。たとえば中国で最大の少数民族チワン人は紀元前の秦の時代から中国の一部であり、独立を希求する動きは今のところはみられない。だから、この書の表紙にある地図に、広西チワン自治区は独立国あるいは独立国候補として示していない。なお台湾は、その民主主義で選択している中華民国としての自立を尊ぶ。

問題はチベットやウイグルのように歴史上も、現実もはっきりと独立を希求する民族であって、理由なき空想を表現しているのではない。

しかし、この書の表紙の地図をみて、中国の共産党、共産党のブレーン機関である中国社会科学院、あるいは北京大学と清華大学をはじめとする大学やシンクタンク、そして人民解放軍のなかで、わたしを知る人ほど怒るだろう。

青山さん、あなた、まさか挑発するのですか、と。

中国だけではなく、たとえばモスクワで会ったロシアの若い学者も怒るだろうし、アメリカの政府や軍やシンクタンクの古い友だちは、青山はなぜわざわざ挑発するのかと心配するだろう。

挑発など、いたしませぬ。

わたしたちの先人が育んできた武士道の真髄は、刀を抜かないことにある。

まして挑発し、怒りや焦りで曇った刀を相手に抜かせ、それを利して好都合な条件で刀を抜く、それはしない。

なぜならそれは覇道であり、われら日本国民の哲学ではない。

挑発するのではなく、ほんものの公正さとは何かを今こそ、考えようとしている。静かに歴史の事実をながめれば、公正な東アジアとは、この書の表紙にある地図にほかならない。

わたしたちの祖国、日本は、他国を侵略しない。他国の固有の領土と領海を盗まない。奪わない。その誓いとちょうど対になって、わたしたちの固有の領土と領海を、国際社会のルールにただフェアに従って回復するなら、あるいは改めてしっかりと確保し直すなら、表紙の地図の通りになる。

その地図がなぜ公正な地図か、それはすこしあとに詳しく語りたい。

まず話しておきたいのは、この地図を表紙に掲げたのは、戯れではなく、復古でもないことだ。すなわち、かりそめに根拠もない地図をみせるのでもなければ、戦前の日本に戻りたいのでもない。

われらの時代に、われらの祖国を、右でもなく左でもなく真っ直ぐまん中の王道から造りあげる。どこまでも、そのための、フェアな地図である。はっとするほど新しく、同時に、古くからの確かな史実によって、永い時間のしっかり刻まれた地図である。


わたしたち日本国民は、その多くが、世代がどれほど違っても同じ教育を受けてきた。同じ教育によって同じ地図を見せられてきた。

たとえば二〇一〇年夏の日本の敗戦記念日、八月一五日で考えれば、七〇歳のかたは敗戦のとき、まだ五歳だった。だから小学校の教育の最初から、戦後教育を受けて育っている。

わたしは近畿大学の経済学部で、客員教授として国際関係論を講じている。いちばん若い学生は一八歳だ。わたしとは世代は大きく、かけ離れている。彼らにこう、語りかけている。

「きみとぼくは、これほど年齢差があっても、おんなじ教育を受けているんだ。それは敗戦後の教育であって、日本は戦争に負けたんだから、国を祖国と呼んではいけない、祖国にプライドを持ってはいけないという教育だったのではないか。敗戦後の世界では、日本はそうやって生きていくほかないという教育だったのじゃないか」

「二〇〇〇年を超える歴史を持つ、この国で、ただ一度だけ戦争に負けたからといって、なぜ、そうせねばならないのか。世界の諸国は、隣の中国であれ朝鮮半島であれ、ヨーロッパであれ、多くの国々が、勝ったり負けたりを繰り返してきた。そして勝ったときではなく、負けたときこそ、どうやって、みんなが育んできたものを護り抜くのか、それを諸国は練習し、学び、鍛えてきた。この日本は、一九四五年の夏までは、ただの一度も外国軍に負けて国土を占領されるということがなかった。それは、ほんとうは、わたしたちの誇りだ。しかし、歴史を一枚の紙とみて、その裏をみると、負けたときにどうするか、それを学ぶ機会がなかったということだ。だからこそ、一九四五年八月一五日に初めて負けたとき、勝った側の言うことに染まらねばならないと思い込んだのじゃないか」

「みんなが、祖国にプライドを持ってはいけないという教育を等しく受けて育ったとしたら、それは哀しいことだ。しかしそれは、わたしたちは世代を超えて、立場も超えて、仕事や性別の違いも超えて、貧富の差までも超えて、共通の、共にいただく課題を持っているということでもあり、われらの新しい希望にもなり得ることじゃないか」

「なぜか。世界を歩けば、きみたちもこれから歩けば、諸国の内側でどんなに激しい対立があっても、それは祖国を愛するという基盤の上に立って、その上での対立だということが体に染みいるように分かる。右や左に分かれて内側で争ってきた日本のわたしたちも、負けたのだから、という思い込みを捨てれば、まず晴ればれとプライドを恢復するというテーマを共有できるのじゃないか。そのうえで、さぁ、全部をもう一度、議論し直そう、組み立て直そうという、素晴らしくフレッシュな気持ちが、湧きあがってくるのじゃないか」

わたしは大学の講義でも、一般の講演でも、高い教壇や演台にいることをしない。みんなのなかに入って、歩き、走りながら、まわってまわって、眼を覗き込みながら、話す。

なぜか。

世代の違いも、性別も、仕事も、一切関係なく、わたしたちはこの民主主義国家、日本の唯一の主人公であり、唯一の最終責任者であることで、まったく同じ立場だからだ。

たとえば、一般の講演会で出逢う年長者には「国家はとにかく悪いことをする」と、こころの深い部分で考えているひともいらっしゃる。先の戦争の体験から来ているようだから、沖縄や広島などに多い感もある。

しかし、その戦争に負けたあと、この日本で最後の責任を担うのは、わたしたち、ふつうの市民ひとりひとりになった。もはや国家が、どんなわたしたちを造るかではなく、わたしたちがどんな国家を造るかなのだ。

たとえば、大学の講義に迎える日本の一八歳には、死んだ魚の目のようだと思うほかない眼差《まなざ》しをした新入生もいる。それが敗戦後の教育の果ての、現実である。

しかし、講義を重ねるうち、眼の光が明るくなってくる一八歳もいる。何人も、いる。何十人もいる。

その敗戦後の世界とは、長く一貫してアメリカ中心の世界だった。

アメリカが勝者のまさしく代表者だったからであり、敗者の代表者のひとりである日本が頭《こうべ》を垂れ続けていることが、それを裏打ちしてきたということも、たいせつな事実である。

おなじ敗者の代表格、ドイツは、戦争責任を成り上がり者のアドルフ・ヒトラーと、そのナチスに凡て被せることによって、プライドを巧みに回復させた。

しかし日本は、国家と国民の、かけがえのない個性と根っこそのものである天皇陛下に戦争責任を被せれば、日のもとの国そのものが崩壊する。

だから頭を垂れ、プライドをみずから否定することで、第二次世界大戦後の世界の構造を裏から支えてきたのである。

ソ連がアメリカに対抗した冷戦時代であっても、アメリカがまったく世界の中心であることに変わりはなかった。ソ連の通貨、ルーブルが、アメリカのドルに比べれば、笑いたくなるほどの値打ちしかなかったことを考えれば、それが分かる。

ましてや、対抗勢力のソ連とソ連圏が崩れ去ったあとの現世界では、アメリカが高らかに覇をとなえるのも当然だった。

ところが、その高笑いがあっという間に凍りつく現場を、わたしたちを含め世界の市民は目撃した。

二〇〇八年の初秋に、ニューヨークのウォール街から始まった巨大な黒雲のような金融危機が、それである。

金融危機は、世界規模の取り組みによって、かつてのような世界恐慌に直結はしない可能性が強い。だが、その取り組みの中心はもはやアメリカだけではなく、むしろ中華人民共和国とインド共和国であり、なかでも中国だ。

したがって中国はアメリカの覇道を引き継ぐ勢いを強めている。

ではアメリカはどうするのか。

アメリカ中心の現世界は、もはや旧世界であり、そしてこの旧世界は、壊れる。

それを自覚したアメリカは、黒人大統領を生んだ。

バラク・フセイン・オバマさんは黒人でも大統領になれたのではない。

黒人だから、なれたのだ。

アメリカはたった今もなお、人種差別のさなかにある。

ニューヨークやサンフランシスコといった大都市では、それに直面することが少なくとも、わたし自身、ディープなアメリカ、大陸深くの地方へ行けば直接に人種差別を体験する。

そのアメリカが建国から初めて、黒人を大統領に据えた。

アメリカ合州国*の大統領は、行政のトップというだけではなく元首を兼ねる。日本でいえば首相と天皇とを兼ね合わせた存在だ。そして世界最強のアメリカ四軍、すなわち陸海空軍と海兵隊、このすべての最高指揮官でもある。

このいわば究極の存在に、人種差別国家のアメリカが黒人を据えたのは、なぜか。

アメリカの危機が、もはやCHANGE、変革では済まないほどに深いからだ。変化や改革の域を超えて、自己破壊といえるほどの挑戦をせねば、アメリカが崩れると国民が直感したからだ。

＊ アメリカ合州国を、先人が「合衆国」と訳したのは、上手すぎる誤訳である。アメリカの正式国名の「UNITED STATES OF AMERICA」は、あくまでも「アメリカ合州国」であり、自治権を持つ州の連合国家であることを明示している。

わたしは、どの主権国家であっても、その国が国名に込めた意味を尊重したい。だから、わたしは原則として、アメリカ合州国と記す。

カリフォルニアの青い空も覆いつくす黒雲のように広がった金融不安、それからベトナム戦争の泥沼よりも遥かに深く手足にまとわりつくような泥と血のイラク戦争は、アメリカの力の源泉だったドルも軍事力も、絶対優位を喪ったことを指し示している。

そこに、気づいた。

アメリカ合州国の建国のほんとうの理念は「清教徒、すなわち白人のプロテスタント（改革派キリスト教徒）が美しく住むことのできる、白人のための理想郷をつくる」ことだ。その建国の本音を壊すことまでしないと、アメリカは壊れる。

それを知ったアメリカ国民が、初の黒人大統領候補だからこそオバマさんを国の究極の存在へと一気に押し上げた。

そして、その具体的な原動力は、ほんとうは何だったか。

わたしたち日本の国民は、二〇歳になれば、選挙のまえに自動的に投票用紙が送られてくる。選挙権は、お上《かみ》から、天から降ってくる。

アメリカの国民は、一八歳になれば選挙権が生まれる。では、この本を読むあなたが仮にアメリカ国籍だったら、一八歳になったとき何が起きるか。

当然のこととして投票用紙が送られてくるのか。

それともアメリカらしく、たとえば「あなたがアメリカ国民で、かつ一八歳以上であることを証明してみなさい」と要求する書類でも来るのか。

正解は、何も起きないのである。

あなたが、もしも日本国民ではなくアメリカ国民ならば、選挙権のある一八歳になっても何も起きない。お上は一切、何もしてくれない。

ただし、あなたが一八歳で獲得したはずの選挙権を行使したいのならば、ただ一つだけ道はある。もう一度、言う。日本国民ではなく、あなたがアメリカ国民だったらの話だ。

その道とは、あなた自身が「わたしは一八歳になった」とお上に宣し、選挙権を求めることだ。

お上が何かをしてくれるのを待つなら、何もない。お上に対してあなたが行動するのなら、日本より二歳若く選挙権が手に入る。

選挙権という、国民にとっていちばん基本的な参政権すら、お上から与えられるのではない。それはまた、先人の国民が勝ちとった権利をそのまま受け取りはしないことも意味する。

ふつうの国民が、ひとりひとり自ら考えて、改めて新しく手を挙げて初めて、選挙権が生まれる。いま生きている、ひとりひとりにかかっているのだ。先人にも、お上にも頼れない。

これをメディアや教科書は「有権者登録制度」と呼んでいる。この硬い言葉に含まれている中身は、実は熱い民主主義の本体だ。

オバマ陣営は、これを活かした。制度に生命を与えた。

一八歳になりながら、これまで有権者になることを選択しなかったアメリカ国民は、貧しい黒人や、ティーンエイジャーが多かった。そこに働きかけて、実にざっと四〇〇〇万人もの有権者を増やした。

四年まえの前回の大統領選（二〇〇四年）では有権者は一億四二〇〇万人だった。それがオバマさんを選んだ大統領選（二〇〇八年）では一億八四〇〇万人となった。実に四二〇〇万人の有権者が増えた。

オバマさんは全部で六六〇〇万票を獲得して当選したのだから、この新しい有権者がいなかったら、初の黒人大統領は生まれなかっただろう。

増えた有権者のなかには「黒人の大統領だけは嫌だから」と初めて自らを登録したアメリカ国民も

いただろう。しかし、増えた有権者の多数は、貧しい黒人や、これまで選挙に行かなかったティーンエイジャーであり、その層にはオバマ支持が圧倒的に多かったことからして、新しい有権者こそが黒人を大統領にしたことは間違いない。

その新しい有権者とは、アメリカの火である。古いアメリカを焼く火である。

アメリカはおのれを火で焼いて、その灰のなかから再生しようと苦悶している。きれい事ではない。そうやって生まれた黒人大統領は、労働組合を基盤にする民主党の大統領だ。オバマさんは選挙中から、労働者を救うとほとんど無条件に約束してきた。しかし、金融危機はあっという間に実体経済に飛び火して、アメリカ経済をもっとも深い部分で支えてきた自動車メーカーが、従業員の給料を払えない事態に落ち込んでいる。

ことは、ITバブルの崩壊、すなわちインターネットや通信革命の企業から破綻企業が相次いだときとは比較にならないほど深刻だ。自動車産業は、はるかに従業員が多い。アメリカのビッグ3と呼ばれてきたGM、クライスラー、フォードの三社でみると部品やガラス、ゴムメーカーなどの裾野の産業まで合わせると、ざっと二五〇万人にも達する（アメリカ労働省、ブルームバーグなどの資料の総合による）。

オバマさんは要は、この約二五〇万人のうち少なからぬ労働者の給料を、政府が代わりに払うという救済を公約したに等しい。

そんな公約が守れるのか。守れば、アメリカは赤字国債をどんどん増発するしかなくなり、財政赤字は膨らみ続け、ついにはアメリカの国債の信用が失われる日の来ることがあり得る。

そうなればドルが暴落し、たとえば破滅的なドル安円高が起こるかも知れない。

しかし公約を守らなければ、初の黒人大統領への信認が損なわれて、奇蹟のような大統領選の結果が逆に、救いのない絶望につながりかねない。

だからオバマ大統領は、アメリカ最大の自動車メーカー、GMを国有化した。

だが自動車メーカーを国有化して成功した例はない。たとえばイギリスのロールスロイスは、傾いて国有化され、しかし立ちゆかず、結局はドイツ資本に買収されることでようやく命脈をつないだ。

GMも、国有化しようがどうしようが、要は売れる車を出せるか。わたしはアメリカの知友に問うている。「小さなアメリカ車って、誰が買うんだ。それなら日本やドイツが作って売る。アメリカ車の時代は二度と戻ってこないのが現実じゃないのか」

ふだん日本の現実をこてんぱんに、かつ明晰に批判してきた彼は口籠もって「しかし、そうはいっても、やるしかないじゃないか、国有化を」と電話先で言うほかない。

GMはオバマ政権に買収されるにあたって、そのブランドのうちいくつかを切って、売りに出した。

そして最初に売れたのはハマーである。ハマー（HUMMER）はもとは軍事用の巨大な多用途車（HUMVEE）であり、砂漠でもどこでも機関銃や、時には対戦車ミサイルまで装備して実戦に投入されるのが本来の用途だ。それを、アメリカ軍の迫力でミミック（疑似的）に自分を飾りたいという人々がいるのだろうか、街を走る車として中身（仕様）を変えて売り出した。狭い日本でもこれを買うひとがいて、わたしは東京・青山の裏通りでカーブを曲がりきれず、にっちもさっちもいかなくなったハマーを見かけた。芸能人やスポーツ選手で愛用するひとが何人もいて、わたしがテレビ番組で一緒になる元野球選手に「日本の街で使うのは、すこし恥ずかしいと思います」と話しかけると、苦笑して頷いていた。

もちろん、ひとはいろいろな理由、趣味で車を買うのであり決めつけてはいけない。その自由をあくまで尊重せねばならない。しかし同時にわたしは、ささやかなりにA級ライセンスを持つ車好き派として、この社会とあまりに共存しにくい車には意見がある。要はハマーは、その巨大で滑稽なアンバランスによってGMというアメリカ車のひとつの象徴だった。

GMが投げ出したブランドのうち真っ先に売れたのが、このハマーであり、しかも買い手は中国の、世界では無名の重機会社だ。これは予言ではないかと、わたしは考えている。国有化されたGMがいずれ立ちゆかなくなれば、そのときは中国資本が買うだろう。

危機に瀕して、黒人を大統領にするという革命を成し遂げたアメリカは同時に、労組という旧世界の代表をバックにする民主党の大統領を選んだという現実にも直面している。そのためにGMを破綻させずアメリカの象徴として守り、国有化し、その大株主は政府だけではなく、なんと労組である。自在な改革は、これでは難しい。それだからこそいずれは中国資本の手が伸びるだろう。

そして、その中国はアメリカのもっとも恥ずかしい部分を買い漁りかねない。

オバマ大統領の長い腕によって始まったアメリカの再生の道は、おのれを火で焼き、そのまま灰になるか、灰のなかからこそ蘇るのかという際どい道である。

これを火道、かどうという造語であえて呼ぶことで、わたしたちはアメリカの現実をしっかりと把握したい。

第2節　世界を決める一〇のプレーヤー

世界金融危機、それがわたしたちの眼のまえで壊してゆく旧世界は、いつの間に出来あがり、いつの間に傾いたのか。

それを、中学生であれ九〇歳を超えるかたであれ関係なく、同じ肩でこの祖国と世界をたった今、支える同時代人として共に考えたい。

世界の金融界に不安の胸騒ぎが始まったのは、二〇〇七年の夏だった。

アメリカの金融ビジネスが、サブプライム・ローンという奇妙な名をつけて売ってきた低所得者向けの住宅ローンに、返済の滞りが爆発的に増え始めた。

それだけではなく、担保の住宅が売れず、金融機関は焦げつきをそのまま抱え込んでいることが、はっきりと表面化した。

ところが、このサブプライム・ローン不安は収まっていくという楽観論も、米英の金融界の内部には、二〇〇八年の初夏あたりから実は出ていた。

それを瞬時に粉々に打ち砕き、本格的にして根源的な金融危機の到来を告げたのが、二〇〇八年九月一五日の巨大投資銀行リーマン・ブラザーズの破綻であった。

リーマンは、カントリー・リスク（ある国に投資するうえでのリスク要因）を追究するのに熱心だった。だから、わたしは危機管理と国家戦略立案の専門家の端くれとしてニューヨークのリーマン本社に招かれ、アナリストたちと議論することがあった。

リーマン本社一階のロビーは、呆れるほどに広く、大理石をふんだんに使い、行き交う社員は分厚い自信を目もとや足どりに漂わせ、セキュリティは一国の大統領府か首相官邸のように厳しく、充実していた。

わたしは思わず、『これよりも立派な大統領府や首相官邸を持つ国が世界にどれだけあったかな』と考えて、『いや、問題はロビーじゃなく現在の中身だ』と考え直し、同行していた独立総合研究所（独研）の研究員たちとセキュリティ・チェックを通過してビルの上階にある会議室へ昇っていった。

その威圧感すらあったリーマンが、経営危機が表面化してわずかに一週間で、ぐちゃりと音を立てるように潰れた。

リーマンの誇った名うてのアナリストからは今や、「野村インターナショナル所属・上級アナリスト」という新しい肩書きで、わたしにもEメールが届く。

リーマン破綻の九月一五日こそ、本物の金融危機の初日であり、危機によってドルの信認が喪われていく道程の始まりであり、ドルの信認の背景にあったアメリカの軍事力の絶対優位がもはや崩れていることが、白日の下にさらされていく道程の始まりでもある。

その金融危機に至る世界は、一九八九年にスタートした。

今だからこそ、思い起こしてほしい。危機を超克していくには、事の始まりを見つめ直すことが、たいせつだ。

一九八九年、いまから二〇年ほど前のこの年は人類の記念の年である。まず、一月に日本で昭和が終わった。一月七日に、昭和天皇が崩御されたのである。一月八日には元号が平成に切り替わった。

その昭和天皇の大喪の礼が挙行された二月には、ソ連軍がアフガニスタンから撤退を完了した。ソ連が支配圏を軍事力で拡げ、ソ連圏のなかは軍事力で直接支配する、その時代の終わりであった。

中国で広範な青年たちが共産主義に異議を唱えた天安門事件が六月に起きると、同じ六月にはポーランドで初めて自由選挙がおこなわれ、共産主義からの脱却をうたう「連帯」が上院で過半数を占めた。

ソ連に支配されてきた東ヨーロッパの社会主義圏が大崩壊する第一歩が刻まれたのである。

一〇月にはハンガリーが共産主義を放棄し、そして一一月にはついに東西両ドイツを分断していたベルリンの壁が打ち壊された。

同じ一一月にはチェコスロバキアの共産党政権が崩壊し、一二月にはルーマニア共産党の独裁者チャウシェスクが処刑された。この処刑の詳細をもっとも知りたがったのが北朝鮮の金正日総書記だったという説も、日本を含む西側の情報機関にある。

昭和天皇の崩御から始まり、ベルリンの壁の消滅を経て、東ヨーロッパの社会主義圏の瓦解に至り、冷戦の強固な枠組みが大音響とともに崩れはじめたこの一九八九年は、日本と世界の巨大な転換点が、恐ろしいほどにぴたりと一致した、わたしたちの忘れてはならない年である。

そしてこの一九八九年の締めくくりは、一二月二九日の東証大納会で日経平均株価が史上最高値の三万八九一五円八七銭を付けて終わったことであった。

そして翌年の一九九〇年正月、東証の大発会から二度と株価は最高値を更新することなく下落に転じ、つまりバブルの崩壊が始まった。

この九〇年の一〇月には西ドイツが東ドイツを呑み込んで東西両ドイツが統一され、あくる一九九一年は、一月に湾岸戦争でアメリカ軍を中心とする多国籍軍が、クエートをイラク軍の侵攻から解放して勝利し、一二月にはソ連邦が瓦解して消え去った。

すなわち一九八九年から九一年のわずか三年間に、世界はベルリンの壁崩壊、ドイツの統一、ソ連の消滅という凄まじい構造変換を実現し、四〇年以上も続いた冷戦をあっという間に終わらせたのである。

冷戦の勝者となり、世界の唯一の超大国となったアメリカは、この社会主義の敗北によって資本主義の大道《だいどう》を進んでいったか。

そうであれば、冷戦の終結から一七年を経て金融危機が起きることはなかっただろう。

社会主義が敗北し、一方で資本主義もバブルが崩壊する、まったく新しい時代への回答としてアメリカが進めていったのは、変容した奇妙な資本主義であった。それが金融資本主義だ。もの作りの資本主義の上位に、金貸し資本主義を置き、レバリッジが幅をきかせた。金融工学を使って別バブルをこしらえたとも言える。

レバリッジという言葉は、金融危機が起きてからメディアに頻繁に登場するようになった。一般には馴染みがないから、難しいことが行われているようにみえるが、難しい話ではない。

レバリッジ（leverage）とは、誰でも知っているレバー、すなわちテコを使うこと、要は「テコの原理」である。

巨石もテコを使えば一人の人間が動かせることがあるように、資本の乏しい人間が、他人の資本をテコのように使って、資本を大きく見せかけ、その膨らんだかにみえる資本を投機に用いて、巨大な利益を得る。

これがレバリッジだ。

この危うさが見抜かれて、テコが引き抜かれれば、つまり他人の資本が引き揚げられれば、巨石に押し潰される。すなわち積みあげられ巨大化した債権が、不良債権となってのしかかり、リーマンはあっという間に潰れた。

その積みあげられた債権の代表が、サブプライム・ローンであった。もともと返済能力のない低所得者になぜ住宅ローンを貸したのか。

ひとつは「いざとなれば住宅を売って、貸付金を回収できる」という甘い仮定だった。もうひとつには「サブプライム・ローンは細かく割って証券化し、リスクが分断され、細分化されて小さくなる」という理屈だった。金融工学なる経済テクノロジーの正体は、これほどまでに愚かな空理空論であった。

住宅市況の全体が落ち込めば、低価格であっても住宅は売れない。また、細分化して証券にし、さまざまな金融商品に広く潜り込ませているから、その証券が不良化すればリスクが瞬く間に広がる。そんな当たり前のことすら、金融資本主義の隆盛に目がくらみ、欲にまみれた頭では、思いつかなかったのである。

そしてこれこそが、冷戦に勝利したあとのアメリカの正体であった。

強大なソ連邦をわずかな間に消滅させるという望外な勝利に酔っぱらい、謙虚さを失って、もの作りを尊ばず、カラクリに満ちた虚飾の金融資本主義に走った。アメリカは実は、もの作りの国であった。日本やドイツだけが、もの作りの名手なのではなく、アメリカこそ人に夢や生きる意欲を感じさせるモノを作り、それを基盤に金融を次に発達させたのだ。ところが、その基盤を忘れて金融に血道をあげた。

わたしは金融をまさか否定しているのではない。

金融は、ほんらいは資本主義という躰に資金、カネという血液をめぐらせる心臓である。しかし、ほんとうの血液ではなく血液に似て非なる人工の液体をあまりに大量にめぐらせようとすれば、ものを作る指も腕もやがて動かなくなり、心臓が空回りをして、下手をすればいったん止まりかねない。

この心臓が空回りする非常事態を、予告したのが、イラク戦争の泥沼だった。

先ほど、現世界をつくった三年間の最後の年、一九九一年には、ソ連が崩壊する前に、アメリカ軍ら多国籍軍がイラク軍をクエートから追い払ったアメリカの勝利があったことを記した。

その軍事的な自信を、二〇〇一年九月一一日の同時多発テロでアメリカは大きく傷つけられた。

建国以来、二〇〇年を超えてずっと戦争を続けながら、ただの一度も本土を攻撃されたことのなかったアメリカが、政治首都ワシントンの、あろうことか国防総省そのものや経済首都ニューヨークの繁栄を象徴していたツインタワービルを攻撃され、多くのアメリカ国民とアメリカで働く日本国民を含む外国人を殺害された。

その傷を、アメリカは、たやすく打ち破れるはずのイラク軍を解体することで癒そうと考えた。天下の愚行である。

なぜなら、九・一一同時多発テロを引き起こしたイスラーム原理主義テロ組織のアルカーイダは、イラクのサッダーム・フセイン大統領（当時）の世俗主義と対立していて、むしろ敵だったからだ。敵の敵を倒せば、喜ぶのは敵である。

だからサッダームのイラク軍こそ確かに簡単に敗北したが、独裁者の居なくなったイラクの地に、イスラーム原理主義のテロリストは広く深く、はびこることになった。

しかも、そのテロリストたちは、イラク軍とは違って軍服を着ず、軍旗もなく、司令部もどこにあるのやら、司令官もどこにいるのやら、どうにも捉えがたい敵であるから、アメリカ軍は市民を撃つしかなく、市民にテロリストを支える基盤を造ってしまった。

わたしがイラク戦争のなかで現地入りし、広範囲に回って歩いたときに目撃した情況である。

こうして、ドルの信認を支えていたアメリカの軍事上の絶対優位に深刻な陰りがみえた。

戦争と革命の時代であった二〇世紀が過ぎ去り、旧来型の戦争ではない脅威、すなわちテロリズムを含む新しい脅威が襲う二一世紀になったことに、アメリカ軍が対応できない事実が明らかになったのである。

これに、さらに重大な念押しをしたのが、ブッシュ大統領（当時）だ。北朝鮮に対するテロ支援国家の指定を解除した。

北朝鮮がすでに核実験を済ませて保有した核爆弾と、現在も進めている核開発のうちのほんの一部だけについて、アメリカを含む国際社会が査察をさせていただく、その代わりに北朝鮮をテロ支援国家ではもはやないと見なした。

しかも、その後、北朝鮮は結局、このささやかな査察も実質的に拒絶し、テロ国家の指定解除だけが残った。

このことは何を意味し、何をもたらすか。

北朝鮮は破綻国家である。もとは金正日総書記の第一の側近であった黄長燁・元朝鮮労働党中央委員が亡命したあとに証言したところによると、三五〇万もの国民が餓死したという。この証言に仮に誇張があるとしても、他の亡命者の証言を総合すると、ざっと三〇〇万人以上の餓死者が出たことは、ほぼ確実である。

人口が、最大のときでも二一〇〇万しかいない小国の北朝鮮で、三〇〇万人を越える餓死者が出たということは、日本に置き換えると東京都民、それから神戸市を抱えて五六〇万の人口を持つ兵庫の県民、いずれも全員飢え死にして一人もおらず、首相だけが独裁者として食べすぎで糖尿病に苦しんでいることになる。

このように破綻した国家であっても、小さな核爆弾さえ持てばアメリカが急に優しくなり、その核を持ち続けることも可能になり、むしろ核のおかげで国際社会から支援も受けられそうだ。

となると、これからの世界は確実に、小さな核爆弾が拡散する。アジアでいえば韓国、台湾、ベトナム、インドネシアなどが核開発の可能性をいずれ考えるだろうし、中南米のベネズエラ、中東のサウジアラビアなども秘かに検討課題にしていくだろう。中東のシリアはすでに、北朝鮮の技術を買って核開発に着手しようとして、イスラエルに爆撃された。

そしてイランはもちろん、北朝鮮との技術協力によってウラン型（広島型）の核開発を加速させるだろう。

こうやって核が拡散していくと、核戦力をコアとするアメリカの軍事力の絶対優位そのものが根本的に崩れていくのである。

テロをはじめとする新しい、そしてリアルな脅威に対抗できず、核の優位も喪う。

そのアメリカの軍事力の没落があるから、ドルの絶対的な信認の崩壊がいずれあり、その予感によってこそ金融危機が始まった。

壊れたあとの荒野で、わたしたちは自死か、新生か。新生なら、どの道を行くか。それを、みずから選ばねばならない。

世界はかつて、冷戦によって二つにわかりやすく分かれていた。冷戦が消え、無残で細かな地域の戦争をくぐり抜けて、現在と未来は、一〇のブロックがせめぎ合って世界を決める。

一〇のブロックを、一〇人のプレーヤーとみてもいい。

それはアメリカ、中南米、中国、中国圏の東南アジア、インドとインド圏の南アジア、ロシア、中東、ヨーロッパ連合、アフリカ、そして日本である。

この書物が日本語の書だから、日本をアメリカと並んで単独のプレーヤーにしたのではない。金融危機のなかで、自分なりの役割を独自に持っているからだ。

その日本は、アメリカと中国の狭間で、いずれの属国でもない新しい道を切り開くのか、それとも自分の天命を発揮することなくアメリカ、中国、そしてロシアの属国として、かろうじて生きていくのか、これも岐路に立つ。

日本のほかの九人のプレーヤーも、それぞれのボーダー（境目）を越えようとしている。

アメリカは、世界の覇者であろうとすることに疲れ果て、いずれにしても新しい生き方を探している。

中南米は、アメリカの裏庭にありながら反米の拠点として生きようとしている。

ヨーロッパ連合、ＥＵは、金融危機の勃発によってユーロが売られ、「自立した、もう一つの極」という虚像が崩れた。

ロシアは、焦りと驕りに満ちて、まずは中央アジアの諸国を奪い返そうとしている。

中東は、オイルの枯れる時に秘かに備えるために苦しんでいる。

中国圏の東南アジアは、中国の独裁と覇権主義の植民地となる恐怖にさらされている。

インド圏の南アジアは、インドの次世代の経済力と、アメリカがすでに容認したところの核戦力によって支配される時代が近づいている。

その近づく支配に抵抗しようとしたのが、二〇〇八年一一月の無残なムンバイ・テロであった。かつてボンベイと呼ばれた、このインド最大の商都に、隣国パキスタンからイスラーム原理主義のテロリストが船によって侵入し、一五〇人から二〇〇人にものぼる非武装のふつうのひとびとを殺害し、日本のビジネスマンも理由なく射殺された。

そしてアフリカは、人類の断末魔の姿すら見せつつ、まったく手つかずのいちばん新しい未知の希望のかけらが見える。

この一〇人のうち、人類の現在をもっとも左右する当面のメイン・プレーヤー（主役）は三人、アメリカ、中国、日本だ。

中南米は、アンチ・アメリカでこそ存在が際だつ。すなわち、あくまでアメリカあってのバイ・プレーヤー（脇役）だ。

インドは、今のところはまだ、中国のバイ・プレーヤーだ。

そしてロシア、中東、ヨーロッパ連合（EU）は、それぞれ独自の役割を持っているが、金融危機から具体的に始まった世界の組み替えの初段階においては、ドラマに欠かせない性格俳優、演技派プレーヤーとでも言うべき役割だ。

最後のアフリカは、まだプレーヤーではない。舞台の袖で大泣きしている、身体だけは巨大な子供である。

インド、ロシア、ヨーロッパ連合（EU）はすぐさまメイン・プレーヤーに加わってくる。

アメリカ、中国、日本が、偉大だというのでは全くない。好むと好まざるとに関わらず、金融危機からあとの世界をどうするか、その初期段階で大きな役を演じざるを得ないということだ。

アメリカは金融危機の主犯として、中国は次の危機の主犯になりうる国として、日本は、現時点では世界でもっとも信認の高い通貨、円をどうするか決めねばならないのに、その自覚のない困った政治の国として、否応なく主役にならざるを得ない。

そして主役には、三つの道がある。

火道、覇道、王道である。

最初の火道、かどうとは、前述したようにわたしの造語だ。

伝説の火の鳥は、みずからを炎で焼き尽くしてから、その灰のなかから甦る。

すなわち、おのれ自身を焼き尽くすことができなければ、そのまま永遠の死のなかに閉じ込められる。

自らの築きあげたものを徹底破壊せねば、明日がないという困難な道である。

アメリカは、この火道を行くしかない。

二〇〇八年九月にニューヨークのウォール街から始まった金融危機は、アメリカが業火でおのれを根っこから焼きはらい、もしも復活があるのなら、その深い灰のなかからの新生しかないことを自ら、示している。

それは、アメリカが不死鳥であることを意味しない。アメリカが合州国（合衆国ではない）を続けるのであれば、不死鳥がおのれをまず焼き尽くすような勇気を持たねばならないことを意味している。

しかしアメリカは建国からまだわずか二三〇年の若い国だ。その若さでおのれを否定するのは、きわめて難しい。

オバマ大統領という史上初の黒人大統領を生み、その自己否定、自己破壊の意気込みは示した。それは民主主義の底力を発揮したと言える。

ところがオバマ大統領自身が、経済では労働組合という古い体質の支持母体を引きずり、政治でもヒラリー上院議員を国務長官に据えたように古いワシントン左派政治を引きずっている。

中国は、覇道を行く。

二〇〇八年八月の北京オリンピックは、競ったアスリート、選手たちが、あくまでもフェアに美しかった。ところが、その精神と肉体を、どこまでも共産党の権威と権力のために使おうとする覇道も、オリンピックによってむしろ世界に決定的に印象づけられた。

北京をオリンピックにふさわしい街に見せかけるために、貧しい市民の住まいを共産党が破壊していった恐るべき事実から始まり、北京オリンピックは、中国が偽装してでも覇権国家への欲を追うという、世界への宣言となった。

そこには、どうしようもないほど深く大きな無理があるから、オリンピックの一年後、二〇〇九年夏にウイグルの叛乱が勃発したのである。

日本は二〇〇八年一〇月に、そろって謙虚な品格の四人が、ノーベル賞を一気に受けた。出世やカネや虚栄の欲のためではなく、ただ真っ直ぐな好奇心をありのままに追っていったことが、長い研究生活の末に歓喜をもたらした。

学問の世界にも覇道はある。出世やカネや虚栄のためには、何でもする道だ。しかし、ノーベル物理学賞の南部陽一郎さん、小林誠さん、益川敏英さん、そしてノーベル化学賞の下村脩さん、この四人の長い道のりは、その対極にある王道である。

われらは、国民と国家の歩む新しい道として、たとえば、金融危機の始まった翌月のこの無心の栄誉に学びたい。

内政も外交も経済も、この王道を行きたい。

放っておいて歩める道ではない。

現在の日本のまま歩める道では、まったくない。

日本を右や左に分けることなく、まっすぐ真ん中から一新する、これまでにみられない政治がまず不可欠だ。

それを言えば誰もが、そんな政治がどこにあると思うだろう。

しかし、わたしたちの二〇〇〇年におよぶ永い歴史のなかで、わずか一四〇年から一五〇年ほど前を振り返ってみよう。

それはいつの時代か。ご一新、すなわち幕末から明治への夜明けの時代である。

その時代に、坂本龍馬や高杉晋作、西郷隆盛といった人材が雲と湧き、そのリーダーたちを草莽《そうもう》の志士たちが支えたことを、まったく知らないという日本国民はほとんどいないだろう。

わたしたちは学校で、このひとびとを革命家や軍事的リーダーとして教わった。

しかし国家を転覆したのではなく、二〇〇〇年の歴史をむしろしっかりと踏まえて革新した。

王朝が先の王朝を滅ぼすという中国の革命とは正反対だし、虐げられた階級が、驕って贅沢を極める階級を覆すというフランス革命やロシア革命とも違う。

既得権益から利益を得ている階級の武士そのものが、みずからの権益を捨てて幕藩体制を終わらせたのだから、奇跡の革新であり、これらのひとびとはみな政治家であった。

そして、これら幕末の政治家のうち明治新政府で高い地位を得たいからとか、「わたしを新政府に入れてくれ」とお願いしたひとは、ほとんど一人もいなかったのである。

みなが、自分の利益もカネも栄誉もいらぬ、そして自分の命もいらぬと奔走したから、日本は奇蹟の近代化を成し遂げ、アジア諸国のうちで唯一、欧米列強の帝国主義の支配を受けずに独立を護ることができた。

もう一度言うが、二〇〇〇年の歴史を持つ国にとっては一四〇〇年前、一五〇〇年前は、ついこないだである。

それにもかかわらず現代の日本では、国政選挙で候補者が「わたしを国会に送ってください」と訴えるのを、有権者はふつうのこととして聞き、候補者が鉢巻きをし、たすきを掛け、ひたすら自分を売り込んでいるのが当たり前だと思っている。

　自分の利益もカネも栄誉も命も欲しいと公言しているような候補者ばかりがずらりと並んでいて、それを許している限りは、確かに日本を王道へ導く政治はあり得ない。

　しかし逆に言えば、わたしたちは国家の青春というべき幕末の時代を、つい先日の宝物として持っている。

　こんな古い国に、そんな若い時代があった。だからきっと、その時代を蘇らせることはできる。なぜなら現代のこの危機は、日本にとっては幕末の危機と同じだからだ。

　結びつかないものを理念だけで結びつけているのではない。

　幕末の時代の最大の特徴は、それまで国を盤石に統治してきた体制のなかに、気がついたら、何よりもひと、人材がいなかった、払底していたことであった。

　それだから逆の側に、人材が雲のように湧いたのである。

　眼前の日本は、与野党の政治家たち、そして実権を握る官僚機構、いずれもみごとに人材が払底している。

　だからこそ、むしろ機が熟している。

　これまでの既得権益とは無縁で、おのれの利益もカネも栄誉も、そして命もいらずに日本を救うためにだけ立つ人材が、まもなく湧くだろう。

　わたしは、あなたのことを言っている。

　世代も年齢も性別も仕事も関係なく、同時代人だと述べているのは、そのことだ。

これまでの枠組みが壊れるからこそ、誰にでも国に尽くせる機会がたった今、訪れようとしている。

第3節　泥沼にはまる米中経済

わたしたちの東アジアと世界はこれから、未知のカオス、知らない混沌に突き進んでいく。

もう一度、二〇〇八年九月に聞こえ始めた、金融恐慌の足音に耳を澄まそう。

その足音は、世界が足元から崩れていくような新しい不安を、わたしたちにもたらしている。そして、その不安の感覚は正しい。

なぜなら、この金融不安は、ドルの未曾有の危機の始まりであることこそ、根幹だからだ。

第二次世界大戦後の世界で、一貫して世界の基軸通貨であったドルが、音を立てて、また音を立てずにひそかに信認を失っていく道筋が、金融不安の正体である。

この書の裏表紙をみてほしい。アメリカ大陸の不安な色調は、ドルの信認を喪いつつあるアメリカの色である。

基軸通貨を失った世界の経済がどうなるか、ましてや日本のような貿易で成り立っている、いや外需に依存しきっている経済がやっていけるのか、心配して心配しすぎることはないほどの、あまりにリアルな不安である。

人類は過去に一度、世界大恐慌を体験している。一九二九年一〇月二四日にニューヨークのウォール街で始まった恐慌だ。

わたしは「ピクニック（一九二九）にも行けない大恐慌」として、その年を覚えた。

現実は、ピクニックに行く、行かないどころではなかった。ウォール街では、ホテルというホテルが、窓を開けられないように工事したという。あまりに多くのひとびとが毎日、飛び降りるからだ。

しかし、その大恐慌を経験したひとは、もはや誰も生きていない。すなわち、ほんとうは誰も恐慌の真の無残を知らない。

わたしは現代のウォール街で、ニューヨーク証券取引所の向かいの階段にいて膝を抱え、早朝から昼刻まで半日たっぷり、行き交うひとびとをただ見続けたことがある。

ありとあらゆる欲望の顔を見た気がした。目の前の利益を確実に貪ることに夢中になっている若い男性の顔、じっくりと構えて想像を絶するような巨大な利益を取りにいこうとしているかにみえる落ち着いた男性の顔、何でもいい、何か儲かるきっかけはないかと探しているような、他の場所ではまず見ない女性の顔。

それから、なにもないスーツの胸元に幻の花が咲いている錯覚がするほど、華やかな希望に輝く頬も見たし、死に神もきっと逃げ出すだろうなと思うほどの絶望のまなざしとも、眼が合った。

しかし、ホテルというホテルの窓が封鎖されているほどの凄絶な気配は、人の流れのどこにもなかった。

ウォール街という金融中心地のルールが世界を支配していく、そのことだけは疑わずに、おのれの欲を追い、それぞれの希望と絶望に向きあっていた。

当のウォール街すらとっくに跡形もなく忘れている大恐慌の記憶と教訓を、世界の誰が真に思い起こすことができるだろうか。

さらに、一九二九年には危機はゆっくり伝わり、世界はそれなりに備えることもできる場合もあった。だが、現代の危機は凄まじく発達したコミュニケーション・テクノロジーによって瞬時に世界に伝播する。

どんなウイルスよりも、速く、強靭に、世界をくまなく襲う。

したがって、政府機関も中央銀行も民間企業も、国際機関や世界首脳会議も、対応が遅れ、後手後手にまわるリスクが常に、これからの世界には潜んでいる。

世界は二〇〇八年の九・一五ショックのあと、二〇〇九年の年央、六月ごろに早くも世界同時不況の底打ち感を味わった。

一九二九年の当時にはなかった世界協調のシステムが、これもコミュニケーション・テクノロジーによって素早く諸国と地域の経済に伝わったからだ。

しかし一方で、それはたとえば一枚のコインの表側だけであって、裏側では、世界に安全地帯はどこにもなく、一瞬のように同質の危機が世界の隅々へ蔓延する現実がある。

世界同時不況がいったん底を打ったのは、中国経済がいち早く回復軌道に乗ったからである。しかしその中国自身が、世界には胸を張っていても、内側ではかつてない引き締めを図っている。

中国の胡錦濤国家主席は、二〇〇八年一一月二九日、北京で中国共産党政治局の学習会をひらいて、党総書記として演説し、金融危機にふれて「外需が明らかに減少している」と異例の率直さで指摘した。

そして「国際競争において中国が堅持してきた優位が次第に弱まってきている」と述べた。

これは何を言っているのか。

前段は、アメリカ経済が急激に弱まって、世界の工場としての中国への発注が激減し、倒産したり首切りをおこなう企業が激増していることを、ほんとうは明らかにしている。

そして後段は、安かったはずの人件費が上がって、アメリカからの発注に限らず、外資が中国から逃げ始めていること、さらに、ドルが動揺しているために人民元のレートが高くなり、そこに毒ギョウザやメラミン混入など中国の食の安全に不信が強まっていることが加わって、輸出も急激に伸びが鈍っていることを、共産党のトップとしてはかつてない赤裸々な表現で明らかにしている。

胡錦濤さんは、そのうえで「(中国経済が失速し始めているという)圧力をむしろ動力に転換して、安定しつつ同時に速い発展を続けられるかどうかは、わが共産党の統治能力が問われる課題になる」と言った。

わたしは、この部分でいちばん驚いた。

つまり「中華人民共和国は、他国からすれば異常なほどの高い経済成長率を維持しない限り、共産党の独裁が危うくなるほどの社会不安が起きる」と言っているのと同じだからだ。

中国共産党の政治局はこの前日に「二〇〇九年の経済政策」として、「内需拡大によって高い成長を守る」という方針を確認することを採択しているが、胡錦濤さんはみずから「その方針を確認するだけで済むような生易しい事態じゃない」と、ぶちまけた。

共産党独裁国家のトップとしては、初めての率直さだ。

それは、アメリカが危機があまりに深いために、黒人大統領を生むという自己破壊をやってのけたことと、一脈は通じるものがある。

不利な情報は徹底して隠し、党の誤りは認めない共産党独裁において「共産党が現状のように甘ければ、統治が難しくなる」とトップが党の公式会合で述べるのは、民主主義と独裁主義という正反対の体制の違いを超えて、危機の深刻さと、それを国としてしっかり自覚している点で、共通している。

日本において「日本は先に金融危機を克服したのだから、今度は世界に教えてあげる番だ」という自己顕示がまず、どっと噴き出したのは、まさしく王道をみずから外れている。

日本の金融危機は確かに世界に先駆けてやってきた。しかし、そこから日本経済を救ったのは、日本政府のタイミングを逸した公的資金注入ではなかった。

中小企業をはじめ、民間企業が血を流してリストラという名の人員整理をおこない、さらにアメリカと中国の好況で輸出がぐんと好転したことに救われたのである。

そのアメリカも中国も、世界同時不況がいったん底を打っても秘かに次の大崩壊に備えているなかで、どうして日本が「世界に教えてあげる」などと言っていられるか。

王道とは常に、謙虚さに支えられることに、ここで深い思いを致したいのだ。

金融不安が起きるまえから、北京オリンピックが開会するまえから、アメリカの景気後退、消費低迷によって、たとえば温家宝首相の故郷である工業都市、天津の工場で大規模なレイオフ（一時解雇）が起きる、工場によっては閉鎖されるという、かつてない深刻な事態が実は起きていた。

アメリカが恐慌か、あるいは、そこまでいかずとも本格的なリセッション（不景気）に入っただけで、中国経済はパニックに陥りかねないリスクを、これからも恒常的に抱え込んでいる。

それは中国経済は、規模が大きい。大きすぎるからだ。

一部をみれば、ハイテクに徹した高収益の企業が現れて、経済は新しい段階に達しているようにみえる。ところが実際は、加工貿易がまだ経済の大部分を占めている。

加工貿易、それは原材料も部品も、たとえばアメリカから輸入し、中国はただ安い賃金の工員がそれを組み立てるだけで、アメリカへ逆輸出する。

中国経済という巨体は、この加工貿易で未だにほとんどの筋肉も骨もできているから、アメリカからの発注が致命的に減れば、巨体があっという間に崩れ落ちかねない。

アメリカの金融危機が起きるまえから、人件費が急騰して、この加工貿易の根幹が危うくなっていたから、発注減はこれからさらに「いつ起きるか分からない」という本当の状況が続く。

米中の経済がいずれも、もし壊れかければ、米中への輸出頼みの日本経済は、崖っぷちから落とされるように未知の不況に沈むことになるだろう。

すなわち東アジアは、日本経済と中国経済という巨大な双発エンジンが、ともに火と煙を噴き出しながら墜落していく大型旅客機になりかねない。

世界も、ドルとアメリカ経済という拠りどころ、巨大な盤石を失っては、どんな坂をどこへ転がっていくのか分からない。

二〇〇八年秋に始まった金融不安は、未知の沼地である。いったん底が見つかって、足がつくように思えても、その先へ足を踏み出していかねばならない以上は、どんな深みが現れるのかも分からない。

第4節　居るはずのない国民

正体不明、先行き不明の沼地に入っていくとき、人は誰も、その足元をまずしっかり固め直し、一歩づつ踏み直しつつ進まねばならない。

国民にとって、国家にとって、足元とはまず領土であり、その領土によってのみ定まる領海と領空だ。

わたしたちは、あろうことか、その領土をおろそかにしてきた。北方領土を奪われ、竹島を奪われ、尖閣諸島が危うくなっても、たとえばそれが衆院選や参院選の争点になったことは、ただの一度もない。

世界の健康な常識からすれば、あり得ないことであり、諸国民がにわかには信じないことだ。

適当に推測を話しているのではない。

富めるアメリカから、貧しいペルーまで、諸国を歩きながら話せるひとには話して、いちいち、のけぞるように驚かれてきた。

話せるひと、というのは地位のことを言っているのではなく、公平な耳を持つという一点で信頼できるひと、という意味だ。祖国の恥の話であるから、誰にでも話して意見を聴くというわけにいかない。

「日本は民主国家でしょう」

日本に憧れてきたという若いペルーの大学講師は、叫んだ。

「その奪われた領土を、取り返すために、政党と国民があでもない、こうでもないと激しい議論をするはずだ。軍事力を行使してでも取り返せという政党から、独自の外交力を発揮して強硬にやれという政党やら、いや自国だけで解決するのは諦めてアメリカと組めという一派、アメリカじゃなく国連に頼れという一派、入り乱れて選挙を繰り返すはずだ」と彼は、眼を大きく見開いてわたしに迫った。

告白しよう。

わたしは弱々しく笑っただけだった。答える元気を、とっさに失ってしまった。

確かに民主国家なのだが、いかなる選挙でも争点になったことがない。領土だけじゃなく外交がそもそも「票にならない」とされて争点にならない。それが当たり前になっている、当たり前の国政選挙になっている。

そんなことを、この日本びいきの若者に言えるか。

遠く太平洋をはさんだ南米の地で、日本に学べという論文をスペイン語でも英語でも書いて、そのおかげで薄給とはいえ大学講師の職を得て、希望に燃えている青年に言えるか。

世界の誰にとっても、領土は、自分たちのいちばん大切な足元だ。それに無感覚な国民がいる独立国家というのは、世界の誰もが想像できない。誰もが想像できない、居るはずのない国民、それがほんとうは、わたしたちの実像だ。

いつのまにか当たり前とされてきたことを当たり前とせず、おのれなりのフェアな視点でおのれ自身を見つめる。

それは、われら日本国民がこれから王道を進むために、もはや欠かしてはならない新しい努力ではないだろうか。

わたしたちが学校で教わった、あるいは若い日本国民がたった今、教わっている日本地図は、ほんとうはただの地図ではない。

日本が第二次世界大戦に敗れ、独立と主権を失っていた一時期、その七年間、一九四五年の盛夏から一九五二年の晩春のあいだに形づくられた異形《いぎょう》の地図である。

国が、独立と主権を失うとは、具体的にはいったいどんなことなのか、それをまざまざと見せつけている地図なのだ。

前述したように南樺太と北方領土は、戦争が終わった直後に侵入してきたソ連軍に奪われた。

竹島は、日本が主権を回復する直前に、韓国の大統領が一方的に海に線を引き、朝鮮半島からみて竹島はその線の内側にあるからと、韓国が軍を侵入させて占領している。

しかし、日本は一九五二年四月二八日のサンフランシスコ講和条約の発効をもって、独立と主権を回復した。それにもかかわらず、独立と主権を喪失していた時代と、いつまでも同じ地図なのはどうしてだろうか。ほんとうに、それでいいのだろうか。

わたし自身を含めみんなが教わってきたアジア地図が思い込みではないかということを、わたしたちの生き方として問い直し、公正な地図があるのなら、その地図を頭と足に刻む。

そこから新しく出発して初めて、われらは未知のカオスに立ち向かっていくことができる。

その出発こそが、日本の王道の起点である。

第5節 「知床旅情」の歌詞は誤りだった

わたしたちは、もはや右でもなく左でもなく、真っすぐ真ん中からアジアと世界を見つめ直して、これら未知の混沌に備えねばならない。

だからこそ、フェアな真実のアジアの地図を、この書の表紙に明示した。

まず北方の四島は、旧ソ連、現ロシアの手から祖国に戻る。

北海道の根室海峡に面した海岸に立てばすぐそこ、手の届きそうな国後島、それと連なる巨大な択捉島、そして湾内に点在している歯舞群島と、その群島に連なる緑濃い色丹島、この四島だ。

わたしたちは北方四島、あるいは北方領土という言葉には、小学生のころから馴染んではいる。しかしその正確な地理を知るひとは、すくなくとも本州、四国、九州、沖縄には多くないだろう。

それだけではない。

わたしたちは教育とマスメディア、歴代内閣の姿勢によって、ふたつの大きな間違いを頭に刷り込まれてきた。

ひとつは、北方領土とは、北方四島のことだという間違い、もうひとつは、北方四島とは、まさしく遠い北方の島々だというイメージ、思い込みだ。

前者のことは、あとで具体的に述べる。まずは後者の「遠い島」というイメージについて読者と一緒に考えたい。

北方四島を描いた、国民歌というべきひとつの歌がある。「知床旅情」だ。この歌のことはわたしの前著「日中の興亡」でもすこし触れた。今こそ、より具体的に一緒に考えたい。

世界遺産に指定された知床半島をうたった歌であるが、そのなかに北方四島が出てくる。

この知床旅情は、国民的俳優とされた森繁久彌さんが、映画の撮影で、知床半島の羅臼に滞在しているときに作詞作曲した。

ＮＨＫの紅白歌合戦で森繁さんみずから歌ったこともあるが、これも国民的なシャンソン歌手の加藤登紀子さんが歌って、大ヒットし、一九七一年にオリコン・ヒットチャートで七週連続のトップに輝いた。

わたしが今、近畿大学経済学部で教えている学生に聞くと、森繁さんも加藤登紀子さんも知らず、だからもちろん知床旅情も聞いたことがないという学生が大半だが、いまなお国民歌として記憶するひとのほうが多数派だろう。

その歌詞に、こうある。

知床の岬に　はまなすの咲くころ
思い出しておくれ　俺たちのことを
飲んで騒いで　丘にのぼれば
遥か国後に　白夜は明ける

「知床旅情」森繁久彌作詞・作曲

「はるか国後」、まずここでわたしたちは国後島は遠い島だというイメージを抱く。次に「白夜は明ける」、日本には白夜はないから、日本国とはかけ離れた別世界だとも感じる。だからこそエキゾチシズムを刺激して、大ヒットしたのだし、北海道の果てから遠いロマンを望むという雰囲気が、国民歌に押しあげた。

わたしも、そのまま愛唱していた。高校生から大学生にかけて、アコースティック・ギターの弾き語りで学園祭に参加したりしていたが、そのときに歌うこともあった。

ところが、現場に行ってみて、驚いた。

国後島は「はるか」であるどころか、知床半島からまさしく手が届きそうな眼の前だ。地図で見直してみても、知床半島と、対岸の納沙布岬で挟む湾内に深く食い込んでいて、大阪からみる淡路島より近い。

知床半島の羅臼展望塔から、国後島まではわずか二六キロしかないのだ。大阪から高速道路と明石大橋を使って淡路島に行くには、およそ一〇〇キロを走らねばならない。仮に水上の直線距離を行っても五〇キロ以上はある。

そして、この国後島に白夜があるはずはないと気づく。

真夜中でも太陽が沈まない白夜は、基本的には緯度が六六・六度以北、つまり北極圏で起きる。国後島は、北緯四〇度台で、もちろん北極圏より、それこそ遥か、南にある。

そもそも、この国後島の北方にある択捉島の最北端で北緯四五度三三分だ。

国後島は、わたしたちにとって淡路島や佐渡島と同じく近しも近い日本の島であり、それを北極圏にある遠い島のように仕立てた歌を、わたしたちは国民歌として愛唱してきたのである。

森繁さんの責を問うているのではない。森繁さんは、リリシズムのつもりで、あえてフィクションを盛り込んでしまったのかもしれない。

問題は、わたしたちの島と、そこに住んでいた日本の島民、北海道民の生活と財産を、何も考えずに北極圏まで突き放して、こころが潤う国民歌として愛唱してきた、わたしたち自身だ。

わたしは、これに現地で気づいて、つまらない話だが、生涯、弾き語りをすることをやめ、名工の手になるギターをケースにしまい、永遠に封印した。恥ずかしかった。誰に対してか。もちろん、おなじ国民の島民のかたがた、メディアでは「元島民」という奇怪な日本語で紹介されるかたがたに対してである。

もうひとつ知っておきたいのは、国後島と択捉島は、千島列島に属することだ。

北海道の国道三三五号線に面した海、すなわち根室海峡から、遠くカムチャッカ半島のすぐ下まで細長く連なる千島列島は、北千島、中千島、南千島に分かれる。

国後と択捉は、その南千島にあたる。

歯舞群島、色丹島は千島列島には入らない。根室半島に続く島々だ。

このことは、あとで千島列島全体が日本の領土なのかロシアのものなのかを考えるときに、不可欠な知識になるから、すこし頭に置いておいてほしい。

さて、国後、択捉、歯舞、色丹の北方四島がなぜ、祖国に戻るかをフェアに考えたい。

ソ連軍が日本の北方四島に侵攻してきたのは、いつか。

第二次大戦が終わった、すなわち日本が一九四五年八月一五日に降伏してから、もう二週間近くも経った八月二八日からであった。

それは国際法からして、もはや戦争ではない。

単に、殺人、強盗殺人、強姦殺人、傷害、強盗傷害、強姦、器物損壊、放火といった刑事犯罪だ。

だから、旧ソ連、現ロシアの領有はまったく無効であるだけではなく、国際訴追によって刑事責任を問われねばならない。

わたしが政治記者の時代にロシアを訪れたとき、当時のエリツィン大統領の若いブレーンのひとりに、クレムリン（大統領宮殿）のなかでこれを言うと、彼はクリアな米語で答えた。

「戦争はそもそも殺人ではないか。日本もソ連も同じことをしていただけだよ。勝ったわれわれが領地を得るのは、まったく合法だ」

こういう正義を装い、本音を装う議論ほどしたたかなものはない。したたか、だけではなく有害なものはない。

にんげんは確かに、戦争という名の愚かな大量殺戮を繰り返してきた。

だからこそ、せめても国際法を積みあげて、自衛のための戦争を定義し、侵略戦争や、それから犯罪としての殺人や強盗とは区別するようになった。

にんげんの理想やゴールにはまだ、ほど遠い。しかし、まさしくだからこそ、この歩みが貴重なのだ。

旧ソ連軍のおこなった人殺しを国際法によってフェアに断罪し、刑事犯罪によって不当に略取した土地を日本に戻すことは、日本にとってだけではなく、国際社会の前進のために不可欠のことだ。

日本の都合のために北方四島を取り戻すのではない。国際法という王道を世界に広めるためにも、北方四島は日本に戻らねばならない。

日本政府の北方四島返還交渉には、この視点が欠けていた。それを、わたしたち日本国民が気づいて、知って、これから交渉をやり直させねばならない。

民主国家日本の主人公は、わたしたち普通の庶民、国民だけであり、最終責任者も、内閣総理大臣や天皇陛下ではなく、わたしたち自身だからだ。

次に、樺太（ロシア名・サハリン）の南半分も、ロシア領から日本に戻る。

樺太は、日露戦争で日本が勝利したあとのポーツマス条約で、北半分がロシア、南半分が日本と定まった。

ところが第二次世界大戦で日本の敗北が決定的になった一九四五年八月九日、ソ連が日ソ中立条約を勝手に、一方的に破棄して樺太北部へ侵略をはじめた。

戦争が八月一五日に完全に終わっても侵攻を続け、八月二〇日には日本最北の不凍港であった樺太庁真岡支庁の真岡町へ艦砲射撃を加え、兵が上陸した。

真岡郵便電信局の九人の女性が逃げずに職場を守り、最後は青酸カリで自害する悲劇も起きた。いまは、北海道稚内市の稚内公園に「殉職九人の乙女の碑」が建てられ、九人の魂は靖国神社に合祀されている。そして「樺太1945年夏　氷雪の門」という映画にもなった。

その映画を、ソ連の国営通信社だったタス通信が「ソ連国民とソ連軍を中傷する反ソ映画」と口を極めて非難し、それに怯えた大手映画会社が上映を中止し永遠に眠らせようとしたが、やがて地方の小さな公民館から自主上映が始まって、九人の女性は甦った。

しかし真岡町は、旧ソ連・現ロシアによってロシア連邦サハリン州ホルムスクという街に変えられてしまったままだ。

北海道へ逃れた町民も、そのまま帰れないで六〇年以上が過ぎ去った。

この南樺太は、その後一九五二年に発効したサンフランシスコ講和条約で、日本が放棄する領土として明記された。

ところがソ連は、このサンフランシスコ講和条約を拒絶し、調印していない。そのために旧ソ連・

現ロシアが南樺太を合法的に領有するための条約も協定も何も存在していないから、ロシアの不法占領が続いていると言うほかない。

ロシアのプーチン前大統領（現・首相）やメドベージェフ大統領は、ロシアの南サハリン領有は戦争によって得られた正当なもので、国際条約はなくともロシアの国内法でロシア領に編入されていると主張している。

だが、旧ソ連軍の南樺太占領が完成したのは、その戦争が終わってしまったあとだったし、国内法で編入しただけで他国の領土が奪えるのならば、世界の秩序は一日たりとも保てなくなる。

一方で、日本もサンフランシスコ講和条約で領有権を放棄しているから、これは日本政府の言う「未決着」とするのが国際法からみて正しい。

しかし日本政府は、そうやって言うだけではまったく足りない。未決着であるから、これを決着させる代わりに北方四島の返還を迫るといった外交交渉に打って出ねばならない。

そして、日本が領有権を放棄したという唯一の根拠になるサンフランシスコ講和条約を、相手国のロシアが拒絶している現状では、未決着であっても領有権はまだ、ロシアに移っていない。

したがって現時点で、もっとも公正な地図は、もとのまま日本領と記載する地図になる。

不法占領を認めれば、にんげんがようやくすこしは進歩した世界、第二次世界大戦後の世界が崩れてしまうからであり、ひとり日本の身勝手な利益のためではない。

わたしが、この南樺太を訪れたのは、共同通信の政治記者時代に自由民主党の「北方領土返還交渉代表団」に同行して取材するためだった。

吠えるオホーツクと称され、凄まじく荒れる海を北海道庁の違法漁業取締船に乗って渡り、ようやくに南樺太の港に着くと、軍艦が沖合に停泊していることを理由に、入港を拒否されたりした。

その拒絶的な姿勢を突破して、せっかく始まったサハリン州知事との交渉では、残念ながら、南樺太の問題はまったくカケラも取りあげられなかった。日本はみずから外交の武器、ツールを減らしているのも同じだった。

南樺太には、日韓併合条約によって韓国から朝鮮人の入植者もあった。その生き残りの男性が、わたしたち記者団のためにロシア語と日本語の通訳を務めてくれた。

背が高く、毅然として、しかし穏やかで、高齢にもかかわらず背筋が伸びたこのひとと、わたしは意気投合し、日本語教室のある小学校や、ロシア人娼婦のいる駅、リフトのない素朴なスキー場などを見て回った。

戦後の南樺太を、サハリン在住の朝鮮系ロシア国民として生き延びてきた、このひとは、訛りはあっても分かりやすい日本語でこう言った。

「青山さん、わたしは日本の農家で若い、というかまだ子どもだったけど、小作人をしていたよ。あの頃は、日本人も朝鮮人もほんとうに力を合わせて、この南樺太を開拓したね」

わたしが「ご両親と一緒に、ここへ来たんですか」と聞くと、彼はすこし肩に力を入れるように「そう、韓国が日本の植民地だったからね」と答えた。

わたしが「植民地というのは正確じゃないなぁ。日韓併合条約でたしかに大韓帝国は日本帝国に組み入れられていたけど、西洋諸国がやったような植民地支配じゃなかったでしょう」と言うと、「まぁ、そうだけど、いま韓国では植民地支配と言っているから」と答え、韓国に最近、三回、行ってみたんだよと付け加えた。

ああ、韓国の現在の雰囲気や主張に合わせなきゃいけない、と言うより合わせたいんだなとわたしが考えていると、彼は「話したいのはそんなことじゃない」とすこし大きな声で言って、わたしの眼を覗き込んだ。

「あのね、戦後の日本人は、この南樺太が日本領だったことも忘れているね。日本人はいったい、どうしたんだ。ここはサハリンじゃない、南樺太だ。日本人も朝鮮人も一緒に頑張って開拓したんだ。そのご先祖さまの努力を忘れたの。ね、南樺太の中心の街は、豊原だ。ユジノサハリンスクじゃない」

彼は、そう言ってから「日本は戦争でアメリカに負けたんだろ。ソ連がここに来たときには、戦争は確かに終わっていたから、ソ連に負けたんじゃない。どうして、負けてない相手に負けたままなんだ」と突き刺すように告げてから、黙りこくった。

のちに麻生太郎首相が、この豊原を訪ねて、ロシアのメドベージェフ大統領と会談し、首相もメディアも多くの国民も「サハリン」「ユジノサハリンスク」と表現し、メドベージェフ大統領がこのうえなく上機嫌だったとき、わたしが真っ先に思い出したのは、この老いた朝鮮人の言葉だった。

第6節　北千島の戦い

そして最後に、千島列島のすべても日本に戻る。

千島列島のうち南千島にあたる国後島と択捉島が日本に戻ることは、もう述べた。

しかし残りの千島列島、中千島と北千島も日本に戻らねばフェアな地図とは言えない。

北海道のはるか北東、カムチャッカ半島は確かにロシア領だ。

しかし、そのカムチャッカ半島のすぐ下の占守島《しゅむしゅとう》から、ずっと南へ下って北海道の根室市へ手が届きそうな国後島まで、細長く連なる千島列島のすべてが、フェアに国際法に基づけば日本領である。

日本政府は、この千島列島のうち、南千島にあたる国後島と択捉島だけを「日本領」とし、北千島と中千島は「領有権が未確定」と主張している。

ところが一方で、たとえば占守島を占守郡、すなわち北海道根室支庁占守郡として札幌国税局管内の根室税務署の管轄と定めている。つまり国内法では、千島列島の北の果てまでちゃんと日本の行政範囲で日本の領土なのだ。

こんなダブルスタンダードをやめることが、日本の王道の始まりである。

千島列島は、もともと北の端に近い占守島もしっかりと日本領だった。

だが一九四五年八月一八日、すなわち第二次世界大戦が日本の降伏で明確に終了してから三日も経ってから突然に、ソ連軍の歩兵部隊が占守島の北の浜辺、竹田浜から侵入してきた。

宣戦布告も何もなかった。

国土の護りについていた日本陸軍戦車第一一連隊の池田末男連隊長らが、これに反撃した。

ほんとうはソ連軍ではなく、アリューシャン列島からアメリカ軍が攻めてくることに備えて展開していた戦車連隊だった。

丸い地球は北のてっぺん近くで、日本の千島列島と、ロシアのカムチャッカ半島と、そのカムチャッカ半島のすぐ横まで伸びてくるアメリカのアリューシャン列島と、アリューシャン列島につながるアラスカがあり、いわば日本、ロシア、アメリカは北辺で近づいているのだ。

だから池田連隊長らは、あくまでもアメリカ軍の来襲に備えていた。ソ連とは、日ソ不可侵条約があったから、国際法からすればソ連軍が攻めてくるはずはなかったのだ。

だが他の北方領土と同じく、国際法上の戦争が間違いなく終わってから、ソ連軍は殺人、強盗の行為として攻め入ってきた。

戦車第一一連隊は、日本の降伏にともなって戦車から砲も無線機も外していた。降伏条件に軍の武装解除が含まれていたことに忠実公正に従ったのである。

ところがソ連軍が不法に攻めてきた。

不法侵入者の銃口に、島民と国土を支配されるわけにいかない。

だから砲と無線機をもう一度つけ直して、島民と国土を護るために戦車六四両が、横一列に砲を並べる戦術で進んでいった。そして竹田浜に近い四嶺山（一七一メートル）を占領しつつあったソ連軍の歩兵部隊を、海岸まで押し返した。

この「北千島の戦い」は、ほとんど日本国民に知られていない。

しかし占守島で戦死し怪我を負った日本兵は、ソ連側の資料でも一〇一八人にとどまったのに対して、ソ連軍の死傷は一五六七人にのぼった。第二次世界大戦でソ連軍の死傷が日本軍を上回ったのは、実にこの戦いだけだった（日本には、ソ連軍の死傷約三〇〇〇人、日本軍は六〇〇から七〇〇人という資料もある）。

それは、南の硫黄島の戦いが、アメリカ軍の損害が大戦中でたった一つ、日本軍の死傷を上回ったことと似ている。

硫黄島の戦いは、アメリカ人のクリント・イーストウッド監督が映画化したために、俳優の渡辺謙さんが演じた栗林忠道・陸軍中将とともに、かろうじて思い出された。

しかし、この最北の戦いは、池田末男連隊長も、戦車兵も、ともに戦った独立歩兵第二八二大隊の将兵も、みな霧の彼方に忘れられたままだ。生き残った将兵がシベリアに不当に送られて抑留されたことも、また、忘れられている。

戦争でもないのに、また戦闘員でもないのに島民が捕虜にされ、捕虜収容所にはソ連兵がまるで当然のように女性を襲いに来たことも、すべて忘れられたままでいる。

占守島をはじめとする北千島の列島には、国家による領有がまだない頃にはアイヌ民族などが住んでいた。

日本は、江戸時代中期の一七八六年に、幕府が有名な探検家だった最上徳内《もがみとくない》を派遣して克明に調査し、一八〇一年には「天長地久大日本属島」と刻んだ標柱を、北千島の島の一つに建てた。

これは国際法からして、明瞭な領有宣言と言える。

江戸末期の一八五五年にロシアと結んだ不平等条約の日露和親条約では、いったん択捉島より南を日本領とした。

しかし明治政府となってから、一八七五年にロシアと樺太・千島交換条約を結んで樺太と北千島・中千島とを交換し、全千島列島が日本領となった。

日本はその後、第二次世界大戦で敗れ、一九五一年に結んだサンフランシスコ講和条約で、南千島を除く千島列島を放棄した。

しかしソ連は、現在のロシアとなっても、このサンフランシスコ条約に署名していない。だから日本政府は、前述の南樺太と、千島列島のうち、北千島・中千島は「領土未確定」と主張し、南千島の択捉島や国後島は、日本領だと主張している。

これに対してロシアは、第二次世界大戦が終わる直前に開かれたヤルタ会談で、アメリカから全千島をソ連に渡すと約束されたのだから、千島列島は南の国後島から北の端の占守島まで、全部がロシア領だと主張している。

だが、ヤルタ会談でのこの約束なるものは、勝手な秘密協定であるから国際法に基づいていない。

日本では、政府が「北千島や中千島は領土未確定」としつつ、むしろ日本共産党が「全千島は、樺太・千島交換条約によって平和的に日本領となったのだからロシアは全千島を日本に返すべきだ」と主張している。旧・日本社会党もそうだった。

共産党や社会党は、「ソ連は仲間じゃない。その証拠にソ連に対して言うべきを言う」という姿勢を、日本国民に強調したかったのだろう。

逆に言うと、日本政府が「領土未確定」という姿勢でいるのは、ソ連、そしてロシアに対して「わたしたちは、お仲間でしょう」と演技にもならない演技をしていることに他ならない。

これが外交だと思い込んでいるのが、敗戦後の日本である。

この書の表紙にあえて掲げているフェアな地図は、ロシアに対してよりも中国に対してよりも、まず日本政府に対して掲げているのである。

第7節　日本は自前のエネルギーを開発する

ここまで読んできた読者のなかには、「世界と日本のこれからを考えるときに、千島列島などがそんなに大切なのか。青山は、こだわりすぎではないか」と考えるひともいらっしゃるかもしれない。

しかし、わたしは公正さのためにだけ千島列島にこだわっているのではない。

千島列島は、環太平洋火山帯に属する火山列島だ。実に四〇もの火山が、活火山だ。

それは、北アメリカプレートの下に太平洋プレートが潜り込んでいる、海の中の火山の、その頂上が千島の島々だからだ。

このことが今、新しい重大な意味を帯びている。

かつては地震が多いだけのことだった。

しかし現在では、人類の第四の資源であるメタン・ハイドレートは、プレートの潜り込む場所、地震帯に大量に埋蔵されていることが分かってきた。

宣伝と誤解されるから、テレビ番組では言わないが、わたしが社長を務めるシンクタンクの独立総合研究所（独研）の研究本部・自然科学部は、東京大学理学部と連携し、その事実を突き止め、国際学会で研究成果と情報をフェアに広く公開している。

すなわち千島列島は、その全体が、メタン・ハイドレートの宝庫である可能性が非常に高い。

メタン・ハイドレートは、その名の通り、主成分が天然ガスと同じメタンであり、海の底にあるから水圧と冷温によってシャーベット状になっている。これがハイドレート（水和物）だ。

要は、メタンガスが水の分子と一緒になってシャーベットになっているだけだ。

それを溶かせば、直ちに天然ガスと同様にエネルギー源として使える。しかも燃焼によって生じるCO_2は、石炭、石油、天然ガスのいずれと比べても最も少ない。

石油がいずれ枯渇する一方で、中国とインドという大量エネルギー消費国が現れてきた現在と近未来は、千島列島がこれまでとはまったく違う意味で注目されることになる。

日本にとって、ほんとうの王道とは何か。

中国のように、アフリカであれどこであれ資源のあるところは、なりふり構わず買いに走るのは王

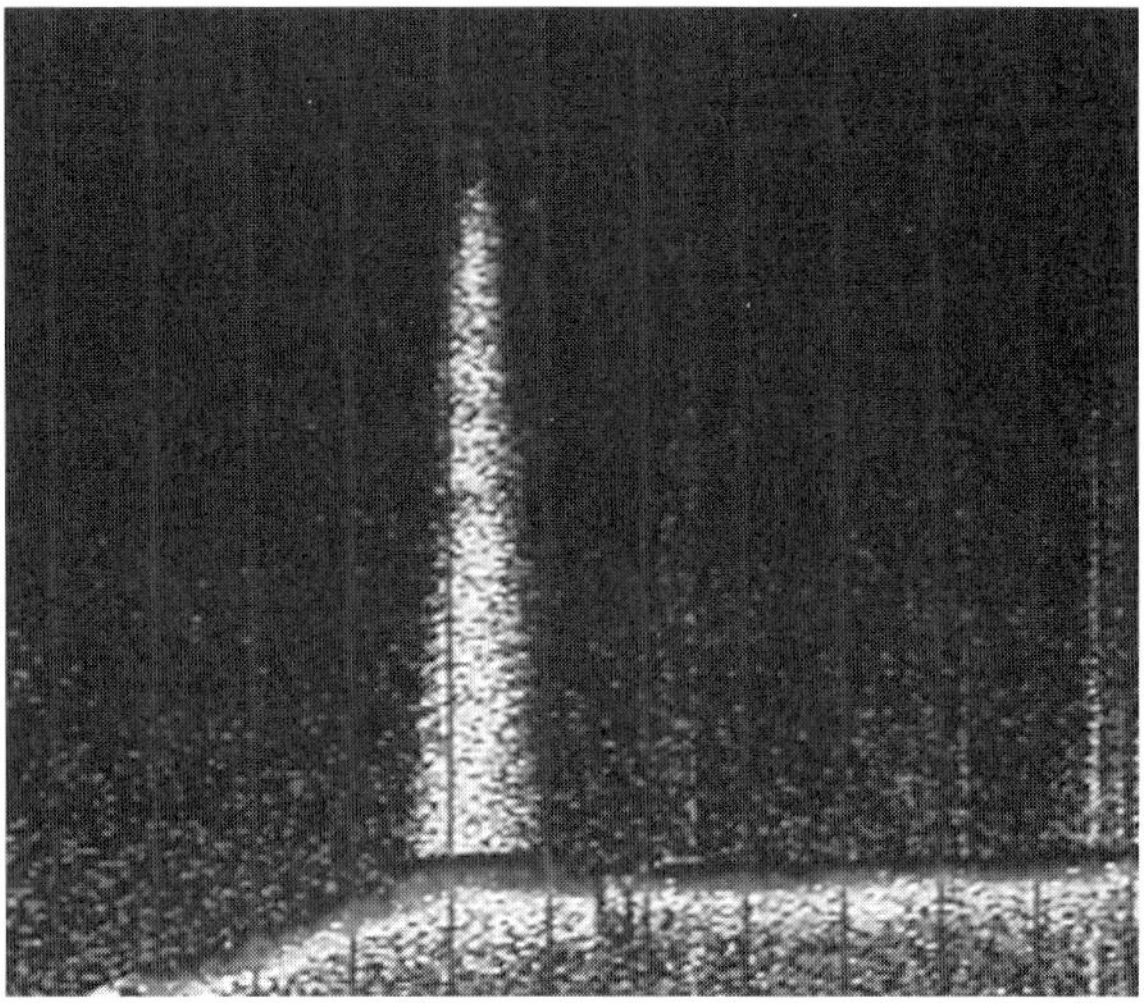

メタン・ハイドレートがつくる「柱」を、魚群探知機を活用して海中でキャッチ（水深900メートルの海底から水面下300メートルまで)。

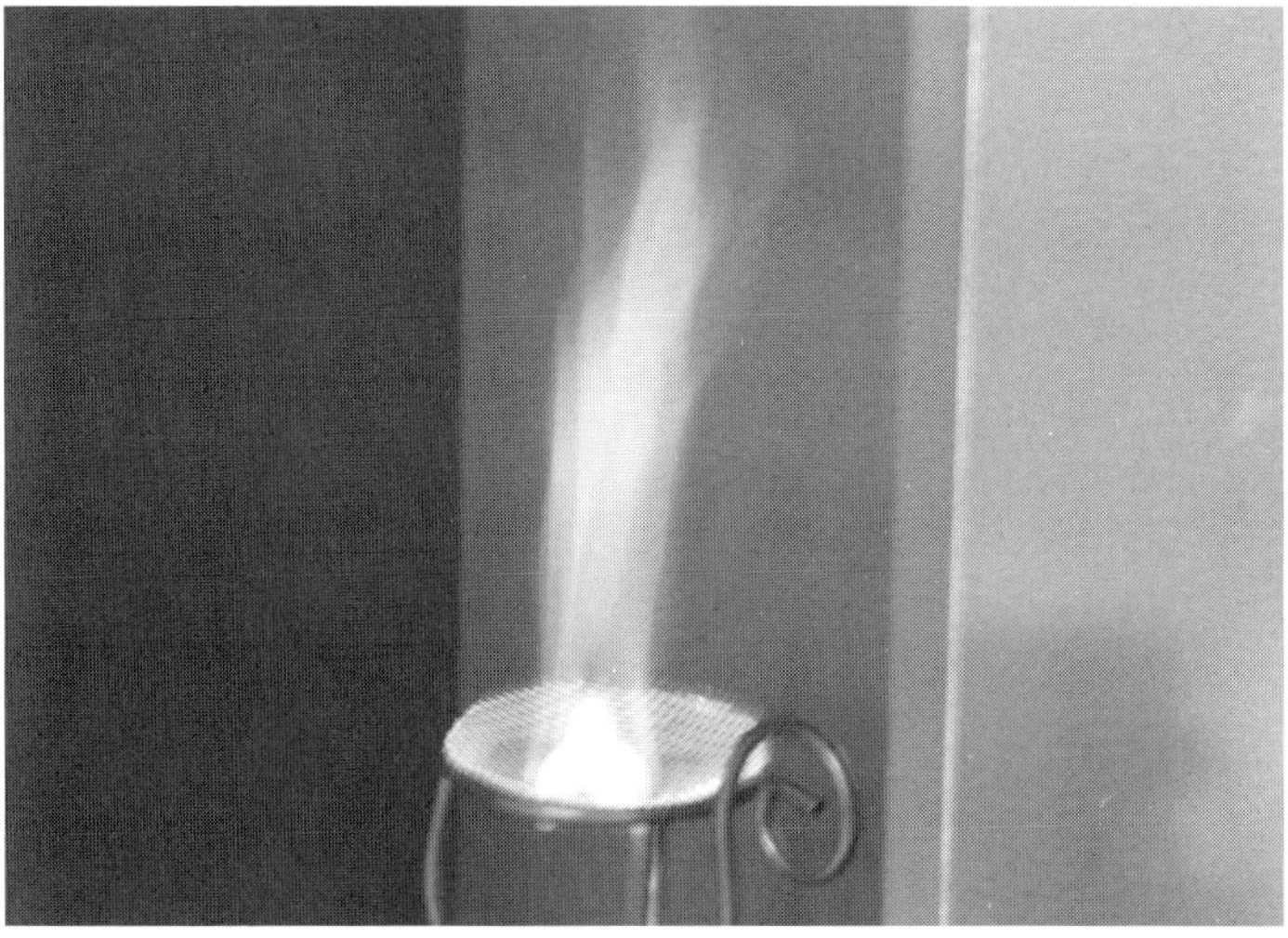

炎を勢いよくあげて高効率で燃焼するメタン・ハイドレート（実験用の人工結晶)。

道か。

たとえば石油を埋蔵するスーダン（北アフリカ）で、西部のダルフール地方の非アラブ系住民をスーダン政府が虐殺するときに、中国はあろうことか武器を大量に売った。

これは、エネルギーにおける覇道そのものである。

日本は、その買い漁りに対抗するのではなく、自国の領土、領海、ＥＥＺ（排他的経済水域）の自前のエネルギーを開発する。

それが新しい王道だ。

なぜ新しいか。

日本はこれまでずっと、戦前も戦後も一貫して『わが国は資源のない国』という思い込みで行動してきたからだ。

人類の最後の埋蔵資源となるだろうメタン・ハイドレートについては、日本は世界最大の埋蔵国であることが、前述した独研と東大の研究でほぼ確認されている。

思い込みを捨てる。これが、わたしたちの王道だ。

第8節　メタン・ハイドレートの島

そして島根県の竹島である。

この領土にも、新しい光が当たっている。

日本海では、こうしたパイプを海底に突き刺すだけで高純度のメタン・ハイドレートそのものが採取できる（2004年に東京海洋大学の練習船「海鷹丸」甲板上にて撮影）。

日本のメタン・ハイドレートは実は、大きく分けると二種類がある。

ひとつは海底の下深くに埋まっていて、砂と泥と混じっている。ボーリング調査でサンプルを取り出しても、白いはずのメタン・ハイドレートそのものは、ほとんど確認できない。

したがって、メタン・ハイドレートを取り出すにはコストもかかるし、技術的にも難しい。

とはいえ、原油価格が一バレル（ひと樽）あたり七〇ドルか八〇ドルを超えていれば、コストはペイすると思われるから、原油価格が一バレル一五〇ドル近くに達したり、下落しても九〇ドル前後に高止まりしている状態では、しっかり開発せねばならない。

日本政府は、このタイプのメタン・ハイドレートが埋蔵されている南海トラフ（土佐沖、紀州沖の太平洋のくぼみ）での調査に、すでに血税ざっと五〇〇〇億円を費やして、何らの成果もあがっていない。

一方で、前述した独研と東大の共同研究で、まったく質の違う、きわめて良質のメタン・ハイドレートが日本海側の佐渡島の南に大量に存在するのを発見した。

きわめて良質、とは言葉の綾ではない。

泥と砂と混じるどころか、海底の上に、メタン・ハイドレートそのものが露出している場所もあり、深海探査機が撮影したその映像を見たわたしは「まるで誕生日の白いクリームケーキみたいに、そのものがここにある」と思わず叫んだ。

同じ映像を、政府の研究会で初めて映し出したとき、民間の石油会社やガス会社の若い研究員、すなわち利権のしがらみにまだ染まりきっていない研究員たちは「長年、メタン・ハイドレートの研究をしてきて、初めて実物を見た」、「ここにあるじゃないか。なぜ、ここで調査しない。なぜ南海トラフだけなんだ」と大声を上げた。

しかし、南海トラフに注ぎ込んだ五〇〇億円も無駄ではない。

日本海の調査は、超音波を用いるまったく新しい方法で行った。南海トラフは、その新しい方法（独研の青山千春博士が国内特許、国際特許を取得しているメソッド）がなくて調査してきたのだから、多額の調査コストがかかってもやむを得なかった。

新メソッドは、漁船がふつうに積んでいる魚群探知機からの超音波を用いるから、調査コストが非常に安い。だから、政府からほとんど予算が出ない、出てもなにかの間違いじゃないかと思うほどに涙の粒のように少なくとも、かろうじて調査ができてきた。

だが、原油価格がここまで高騰しているから、このままでは調査船の油が賄えず、超音波を海に発するにも、その調査船が出せない事態になりかねない。

大切なことは、予算を適切に再配分して南海トラフも日本海側も、ともに研究し、開発し、日本を資源小国から脱却させる、まったく新しい試みに挑むことだ。それは、日本が資源小国のままでいてもらわねば困るアメリカからの自立につながり、同時に、みずからの祖国を資源小国に貶め続けることによって既得権益を手にし続けている国内の汚れた勢力を打ち砕くことになる。

だから、この国はそれに手を付けずに来た。

ここにも、わたしたちの新しい王道がある。王道をゆくには、まっとうで静かな勇気が必ず求められる。

そして日本海に浮かぶ竹島は、前述の良質なメタン・ハイドレートがその周辺の海に埋蔵されている可能性が高く、島そのものもメタン・ハイドレートの研究開発の拠点候補として、単なる岩のような島というだけではなくなっている。

この書のフェアな地図では、韓国軍による竹島の侵略と不法占領を解いて、韓国が日本の主権を侵して設置した施設を解体し、島根県庁と日本政府によって日本国民の島に戻される。

なぜなら、日本がサンフランシスコ講和条約を受け入れる代わりに、独立と国家主権を回復する、その直前に、韓国の李承晩大統領がまさしく勝手に「李承晩ライン」なるものを引いて、竹島を韓国領に国際法上の根拠なく組み入れたからだ。

サンフランシスコ講和条約が発効するまえ、韓国はアメリカに「韓国も対日戦勝国にしてくれ」、「竹島は韓国領の独島であると認めてくれ」と迫ったが、いずれもアメリカに公文書によって完全に拒絶された。

むしろ、この韓国の行動によってアメリカを含む国際社会は「サンフランシスコ講和条約に、日本が領有権を放棄すると明記された領土だけが、日本の帰属から離れるのであって、竹島は含まれていないから、今後も日本領である」と確認した。

すなわち、これも日本の一方的な主張ではなく、国際条約（サンフランシスコ講和条約）によって築かれた秩序として竹島は日本領なのだ。

それを曖昧にしたり、韓国領にしてしまっては、六〇〇〇万人の犠牲を出したために、にんげんがようやくいくらかは学んで国際法による秩序を造ろうとしてきた努力や成果が、壊れてしまう。

竹島はなぜ、日本領に戻らねばならないか。

日本が公正にみずからのエネルギーを確保するためだけではなく、国際社会をフェアな世界にするためにも、公正な地図にはしっかりと、竹島は日本領として明記され続けなければならない。

第9節　世界第四位の「海の国」

次に、東京都の南端、沖ノ鳥島は、中華人民共和国が「島じゃない。ただの岩だ。公海の岩だ。日本領の島じゃない」と強く主張している。

中国の狙いは、沖ノ鳥島ではなく、海そのものだ。

日本は領土こそ広くない。

（ただし、わたしたちがみな学校で、狭い、狭いと教わってきたのは間違っている。ヨーロッパを歩いてみれば、イギリスもドイツもみな、日本より狭い。それでいて国際社会での発言権は、日本とは比較にならないぐらい強い。同じ敗戦国のドイツであっても、そうである）

しかし海を考えれば、領海と排他的経済水域を合わせた「主権の及ぶ海」の広さで世界第六位だ。

さらに、日本の海は深いから、海の体積では、世界第四位だ。

海はこれから、漁業資源や海底油田、海底ガス田の資源だけではなく、人類にとって第四の、そして最良にして最後の埋蔵資源であるメタン・ハイドレートを生み出していく。

さらに海水から、コバルトやマンガンといったレアメタル（希少金属）も生み出していく。

中国はその日本の海を削り取って、日本の可能性を奪取して、中国の海、中国の資源エネルギーにするために沖ノ鳥島を単なる岩だと強弁している。

沖ノ鳥島は国際社会で、しっかりと島だと認められている。だから安心していいか。

いや、沖ノ鳥島の近くに中国海軍が進出し、すでに島の爆破も秘かに検討している。

わたしは、立ち入り禁止の島、硫黄島を訪れたとき、硫黄島の戦いのあとを歩くだけではなく、海上自衛隊の硫黄島航空基地隊の司令と面談した。

そのとき、申したことのひとつは「硫黄島の南の沖ノ鳥島に中国が野心を持ち、島をなくしてしまおうという戦略も考えていることは、あなたがここで実感することのひとつでしょう。それなのに救難ヘリを二機、配備しているだけだ。あなたは司令として、防衛省の本省に、硫黄島には戦闘部隊を置かねばならないと意見具申をすべきではないか」ということだった。

司令は、深く頷いてくれた。

戦闘部隊を置くのは、戦争をするためではない。中国海軍が、わが国の島の爆破といった愚かな戦争行為に将来とも出ないように、戦争が起きないように抑止するためだ。

最後に、日本古来の領土である尖閣諸島も、中国が「古来、中国の領土だった」と主張してやまない。

サンフランシスコ講和条約では「尖閣諸島と沖縄を含む南西諸島は、日本の領土であるが、当面はアメリカの施政下に置く」と明記されているのだから、これも日本の勝手な主張ではなく、国際社会のフェアな秩序のために、しっかりと日本領に組み込まれ続けなければならない。

日本の福田政権は二〇〇八年、この尖閣諸島の周辺のいわゆる「東シナ海ガス田」について中国と「合意」し、素晴らしい成果だと福田康夫首相（当時）以下が自画自賛した。

しかしこの合意こそが、尖閣諸島を中国が実効支配する怖れにつながっていくものだ。

第10節　抹殺されていたウイグル人の歴史

さらに、この書の表紙では、中華人民共和国のなかからチベット人、ウイグル人、モンゴル人がそれぞれ独立を果たしている。

わたしは、亡命チベット人や亡命ウイグル人から、彼らの友が中国人民解放軍や人民武装警察の機銃掃射によって街角で殺害され、遺体をトラックでいずこかへ運ばれてしまう惨劇を、繰り返し、聞いた。亡命チベット人や亡命ウイグル人は日本にもアメリカにも世界各地にいる。

この惨劇は過去のことではない。

むしろ過去には、たとえば中国に開明的な胡耀邦主席がいて、民主化がいくぶん進んだ一九八〇年代の半ばには、新疆ウイグル自治区の区都ウルムチで一万数千人の学生が「ウイグルの地で核実験をするな。漢人のウイグル自治区への大量移住をやめろ」とウイグル語と中国語で叫んで大規模なデモ行進を打つこともできた。

しかし胡錦濤体制の現在は「あっという間に公然とデモ行進に機銃掃射が加えられ、死体の山になる。それが繰り返されたから、北京オリンピックの期間中も、ウイグル人は人民武装警察を襲って、武装警官に死者が相次いだ」と、亡命ウイグル人である優秀な技術系の研究者は、わたしに言った。

中国は全否定し、証拠写真も少ない。

だから亡命ウイグル人の言うことだけが直ちに真実だと断じるつもりはない。

しかし、わたしも安全保障の専門家の端くれとして、この彼の証言のディテイル（細部）の整合性や、日本やアメリカなどが保有している若干の「証拠」というべきもの、さらに彼の嘘や誇張を言いたくとも言えない人柄を総合的に勘案して、ここに記す値打ちのある証言だと判断した。

適当に噂話を書いたりしない。

また、この亡命ウイグル人によると、自分たちがウイグル人であり中国人でないことを知ったのは、高校生になってからだという。

彼の顔は明らかにトルコ系であり、漢人とは似ても似つかない。彼を中国人と呼ぶ人があれば、世界の街角では不思議がられるだろう。

それなのに、高校生になるまで自分がウイグル人であることを知らなかった。なぜなら中国共産党の指導する教育では、ウイグル人の歴史がまったく抹殺されていて、漢人、中国人の歴史しか教えられなかったからだ。

高校生のときに、隠された書物を友に渡され、それを開いて初めてウイグル人という民族が世に存在してきたことを知り、自分がまさしくその一人であることも初めて知った。

彼の独立運動への傾斜は、そこから始まっている。そして、ほんとうの歴史を知ったのは、留学のために日本へ渡ってきてからであり、真実を知ったために独立について発言を始めた。

ウイグル自治区に留まっている友らの証言から、ウイグル人のなかでも若く美しい女性たちが強制的に上海や青島といった中国沿岸部の都市に移住させられ、それだけではなく、昼間は工場から一歩も出られないまま働き、夜は外国人相手のカラオケバーなどで売春行為に従事させられているという。

この亡命ウイグル人が確認したひとりの女性で言えば、青島に強制移住させられてから、実に六か月間のあいだ、工場と売春施設の二箇所に事実上、幽閉されていたという。

亡命ウイグル人は言った。

「青山さん、女性は母となり子供を育て、民族を護ります。その女性に、中国の退廃文化を押しつけ、ウイグル人としての誇りを失わせ、そうやって根本的にウイグル人をこの世から抹殺しようとしているのです。日本やアメリカでは、この女性の強制移住の問題を、漢人と結婚させるためだという話が流れている。そういうケースもある。しかしほんとうは、もっともっと徹底的に民族を侮辱し、抹殺する計画が進行しています。どうか、わたしたちの生の証言に耳を傾けてください」

このように発言しているために、彼には生命の危機が迫り、新疆ウイグル自治区へ帰国できなくなり、亡命ウイグル人となった。彼の証言が真実であることは、二〇〇九年夏のウイグルの叛乱で証明されることになった。そのことは、この書の第3部で詳述したい。

彼の名は、生命を守るために明かすことはできない。

こうしたことを記すのは、漢人を敵視し、ウイグル人やチベット人、モンゴル人を先入観だけで擁護するためではない。

国際社会のフェアなルールでは、漢人もウイグル人もチベット人もモンゴル人も、日本人も、ひとしく民族の誇りと伝統と存続を確保することが保証されているからだ。

この書の表紙をみて、たとえばこの亡命ウイグル人はきっと涙を流すだろう。祖国が初めて独立国として表に記された図を見るからだ。

彼の長い苦しみ、祖国に帰れない深い悲しみを知るから、わたしも彼のその姿をみれば、涙するだろう。

しかし、わたしとこの書が立脚するのは、あくまでも国際社会の真ん中のルールである。

それが、アジアで唯一のほんものの民主国家である日本の王道であり、覇道に勝つものは覇道ではなく、ただ王道だけだからだ。

第2部　カオス

第1節　偽装の北京オリンピック

こうした公正な地図を手元に置けば、未知のカオスとは何かをしっかり考えることができる。

未知のカオスとは、金融危機と世界恐慌の不安だけだろうか。

いや、金融危機が表面化する以前に、いくつもの未知のカオスが兆していた。

それは中国の動揺だ。アメリカ発の金融危機を逆手にとって世界に「覇道の継承者はわれらである」とアピールしているかのような中国は、ほんとうは、世界金融危機が表に現れるまえから、動揺が始まっていた。

二〇〇八年夏の北京オリンピックは、偽装のオリンピックに終わった。

一八九六年から始まったオリンピック・ゲームズはなぜ、世界のたくさんの人々を沸かせるか。どの大会でも、選手たちのたくらみのない努力を、四年に一度の緊張感とともに見ることができるからだ。

北京でも、選手はいつものオリンピックと同じく、嘘なく鍛えられた肉体と精神だった。

しかし中華人民共和国という、アジアのこれからを左右する新しい大国は、オリンピックそのものを嘘を重ねておこなった。

それは、開催まえの街の「浄化」、すなわち貧しい北京市民の住まいを当局が勝手に打ち壊すことから始まった。

開会式では、たとえば歌わない少女に口だけパクパクさせるという嘘を、国家が平然と演じさせた。

なんらの誇張でもない。開会式の演出は映画監督が担ったが、その演出ぶりは細部にいたるまで中国共産党の指導部が調べ、承認したものだけが実行されたのである。

競技の本番となっても、体操競技に参加できない年齢である一四歳の少女が、未熟な身体がむしろ有利だからと一六歳と偽って参加し、金メダルを手にした疑いが浮上した。

欧米のメディアに厳しく追及されると、国家はあろうことか、この小さな国民に、生年月日を偽った疑いの濃いパスポートを渡し、記者会見で披露させた。

国と国民の未来を背負う子どもに、国があからさまに偽証させたのかもしれないという疑いは、あまりに不幸な偽装の匂いである。

国際体操連盟は、オリンピックが終わったあとに「問題はなかった」という結論を公表したが、それは独自に調査をしたのではなく、中国がパスポートまで示したから、ということが理由になっている。

JOC（日本オリンピック委員会）の幹部はわたしに「臭いものに蓋、と誰でも思うよね。そもそも中国は、国際舞台で賄賂をどしどし使うので有名だ。この国際賄賂を取り締まる法律はないからね」と語った。

北京オリンピックが、かつてない異様な偽装五輪だったことは、日本のマスメディアの多くはさっさと忘れる。

しかし世界は忘れない。

日本では今後、「北京オリンピックをみごと成功させた中国」という枕詞が使われ、中国が顔をほころばせるのを見て、さらにその決まり文句を使い続けるだろう。

しかし世界、とくにヨーロッパは忘れない。市民の住まいの破壊は、ナチスによるユダヤ人街の破壊を思い出させ、少女たちに嘘をつかせたことは、産業革命当時の子ども虐待を思い起こさせるからだ。

自分たちヨーロッパ人がようやく克服した過去の陰惨な悲劇を、二一世紀に恥の意識のかけらもなく遂行する中華人民共和国という国に、ヨーロッパは深い部分で戦慄している。

イギリス海軍の情報大佐はわたしに「北京オリンピックの記憶は、わたしたちの中国観を変える。世界がこれだけ狭くなったのに、中国とだけは近づいてはいけないことが胸に刻まれた」と言った。

その公平さを、わたしが信頼する男の言葉である。

この言葉をイギリスは、二〇一二年に証明しようとするだろう。その年に開くロンドン五輪を、北京とは真逆のオリンピック、簡素で正直な精神と肉体の祭りに戻す努力をすることによって、である。

それが、ほんとうに成功するかどうかは分からない。イギリス社会にも偽装はあるし、日本は偽装が底なしのように暴かれているし、アメリカも過剰な商業主義でオリンピックを歪めた張本人だ。

だから「欧米や日本という西側諸国に北京オリンピックを非難されるいわれはない」と語気を強め

る中国政府高官の言葉が理解できないわけではない。

しかし、わたしが読者とともに考えようとしているのは、中華人民共和国は、むしろ北京オリンピックの遂行によって新しい苦境にも直面するだろうという客観的な予測なのだ。

非難するとかしないとかの問題は、主として北京オリンピックの閉会式までの問題であり、だから日本のメディアも、公然と安心して、オリンピックの偽装を忘れることができる。

ほんとうは中国への遠慮と、いつもの刹那主義で忘れるのであっても、「それはもう済んだこと」というポーズをとれるのだ。

アジアにとって、ほんとうの問題は、客観情勢として、オリンピックによって中国が「われらは普遍的な大国だ。特異な独裁国家ではなく、世界共通のルールに従ってオリンピックもやれる一流国だ」と強調しようとしたのが、逆に、偽装オリンピックによって世界が「普遍的なルールではなく、特異な偽装によって、人類共通のたいせつな祭典をもやってしまう現代の独裁国家」と確信することになったことだ。

第2節　「これはアホウではないですか」

中国経済は巨大な経済であっても、決定的に重要なものを、ひとつ欠いている。それは自前の健全な産業資本である。

北京オリンピック後の中国の最大の問題を「バブルの崩壊」と言うひとは、実に多い。エコノミスト、経済評論家、ジャーナリスト、政治家、そして経済官庁の官僚まで、ほとんど合唱するように、そう口を揃える。

それは違う。

現代の市場経済が、成長を遂げるとき、バブルはほぼ確実にあらわれる。そしてあらわれたバブルは、必ず崩壊する。それは今や、成長のためのステップであり、ステップであると知ることによって、バブル崩壊のリスクを冷静に最小限にとどめる備えと努力こそが、肝要なのだ。

中国経済の最大の課題は、バブル崩壊ではなく、産業資本の欠如のために外国資本の不断の導入が不可欠であるにもかかわらず、その外資が逃げていくことにある。

第一に、外資にとって最高のメリットであった中国の人件費の安さが永遠に失われつつある。ゆるやかに人件費が上がるのならまだしも、はっとするほどの急カーブを描いて上がりつつある。

上海に進出している日本の中堅メーカーの社長はわたしに「信じられないほど点数の悪い答案が、いきなり先生から返ってきたみたいに、うちの中国工場の決算書をじっと見てしまいましたよ」と語り、「こんな凄まじい人件費の急上昇が起きるのでは、もはや中国にいるメリットはない」と意を決した表情で言い切った。

それに、中国は相も変わらず、地区の共産党委員会が自分たちの特権や法外な収入、もうけ、利益のためにルールを勝手気ままに変えてしまう。

日本の新聞が「中国にはルールが確立されているというメリットがあり、アジアの後発の工業国より優位に立っている」という記事を載せているのを見て、日本の公共的な巨大企業の副社長はわたしに「これはアホウではないですか」と言った。

東京生まれ、東京育ちのこのひとが「アホウ」と言うときは、関西言葉で言う柔らかな「あほかいな」ではなく、最大級の怒りの言葉である。

「いったい、中国のどこの何の現実を見て、こんなお気楽なことを書き飛ばしているのですかね。それとも、中国におもねれば、いいことがあるのかな」

わたしは答えた。

「いいことがなくても、中国におもねておけば安心だという感覚があるのです。わたしが共同通信の記者を辞める頃はまだ中国経済が今ほど膨張していない頃でしたが、先を予感してすでに、その空気と感覚が日本のマスメディアにありました」

企業にとって、ルールが朝令暮改で変えられるほど、困った話はない。

アメリカの投資アナリストは、言った。

「日本語に、朝令暮改という言葉があるのは知ってる。だけど、中国のルール変更は、そんな生易しいものじゃない。朝に命じた事を、その朝にも平然と変え、昼に覆し、夕暮れどきには、まったく別なルールを何のためらいもなく押しつけ、夜には、それらのルールをすべて何らの良心の呵責もなく破り捨てる。そしてすべては、地区地区の小さな独裁者たちの身勝手にして不当、不法な利益独占のためなんだ」

この中国特有のこまぎれ独裁があっても、人件費が圧倒的に安かった時代は、外資にとって中国進出の動機はあった。

ところが人件費の急騰によって、ぐらぐらルールのディメリットは一気に、致命的な本性をあらわしつつある。

外資がこうやって逃げていけば、中国経済は、飛行中にメインエンジンを落としてしまう巨大な機体になってしまう。

メインエンジンを落とした飛行機が、滑走路に無事にソフトランディングできる可能性は、ほとんどない。

このリスクを、ぐっと膨らませたものこそ、北京偽装オリンピックである。

中国は、二〇一〇年の上海万博を終えるまでは、その偽装をさらに続けることにもなる。

さらに、二〇〇八年九月に始まった金融危機は、確実に中国経済を直撃する。

二〇〇八年九月や一〇月の、まだ危機が始まったばかりの時期には、中国経済への打撃は注目されていなかったが、前述したように中国経済の実態はアメリカからの受注に支えられている比重が見せかけよりはるかに大きい。

ひとことで言えば「アメリカがくしゃみをすれば日本が風邪を引く」時代から、現在は「アメリカが大転倒すれば、その重みで中国が転んで複雑骨折し、ふたりの巨人の転倒に押されて日本経済は崖から転げ落ちて川に入水する」という時代である。

金融不安の展開によっては、中国は、上海万博を満足に開けない事態も、まったく考えられないわけではない。二〇〇九年七月の時点ではアメリカ館がまだ着工の見通しすら立っていない。これがいずれ解決しても、その解決の裏には、アメリカの転倒と中国の複雑骨折を隠している、という恐れがある。

第3節　中国の宇宙開発は侵略目的だ

そして北京オリンピックの開会式のその日に、大国ロシアと小国グルジアの戦争が勃発した。

これが第三の未知のカオスの発端である。

これを新しい冷戦の始まりとみるのは、間違っている。そんな生易しいものではない。

かつての冷戦の時代は、ほんとうは分かりやすい、そして安全な時代であった。

アメリカとソ連という、はっきりした二極があり、日本を含め世界のほとんどあらゆる国がどちらかの陣営に属し、そして米ソ戦争はなかった。地域紛争も少なかった。

しかしロシアがグルジアに侵攻したのは、アメリカという超大国が軍事力もドルも衰え、極がなくなった世界に覇を唱えようという試みであり、世界とアジアが根源的な混沌に入っていくことを危機ではなく決定的な好機と捉えて、武器を手に突っ走る強者が現れたということだ。

それを、このグルジア戦争は、悲惨な市民の犠牲とともにわたしたちに告知している。

このグルジア戦争の真実は、あとでリアルに詳述する。


未知のカオスの第一である北朝鮮の崩壊と東アジアの国境線の引き直し、第二である中国経済という巨人の動揺、第三であるロシアの挑発、これら無極の時代の兆候を、一気にリアルに集約していくのが、ウォール街に端を発した金融危機である。

世界が、アメリカという極を喪っていく道筋を、金融危機は具体的に指し示している。

アメリカという極を支えるのは、なによりドルであり、そのドルは、世界のどこにも撃ち込める核ミサイルと、世界のどこにも展開できる機動兵力を軸とする軍事力の絶対的な優位を背景にしているからこそ、強かった。

これから世界は、基軸通貨も、「世界の警察官」を務める軍事力もない、まったく新しい時代に突入していく。

中国は、それに耐えようと、ますます覇道に徹するだろう。

耐えるだけではなく、唐や明が世界最大級の帝国だった時代を呼び戻そうと錯誤を重ねるだろうし、唐や明もなし得なかった世界支配を夢想するだろう。

言葉の勢いで戯言《たわごと》を言っているのではない。

中華人民共和国は、北京オリンピックの直後に真っ先に何をしたか。

それは有人宇宙ロケット「神舟7号」の打ち上げである。

二〇〇八年九月二五日夜のことだった。

中国は、二〇〇五年に初の有人宇宙ロケット「神舟6号」を打ち上げ、二〇〇七年には月探査衛星「嫦娥1号」を打ち上げた。

それに続く国家プロジェクトとして打ち上げたのだが、これまでにない特徴があった。

中国人として初めて宇宙船外に出て、活動する、すなわち宇宙遊泳を実現することだった。神舟7号には、いずれも漢人の宇宙飛行士三人が乗り込み、初の宇宙遊泳は立体化した映像で中国で生中継された。

この船外活動は、ふたつの大きな意味を持つ。ひとつは、宇宙船のドッキング技術の確立であり、もうひとつは、軌道上に長いあいだ自力で浮かぶ「宇宙ステーション」をつくる技術の開幕である。

神舟、なんという傲岸な命名だろうか。よほど中国が好きなひとでも、内心では辟易するのではないだろうか。有人宇宙ロケットに、神の舟、ないし神が作った舟という名を冠する。神とは誰だろうか。中国共産党か。その共産党は、宗教を否定したのではなかったのか。今やみずから神を名乗るのか。

そして、もっとも重大な事実は、このロケットは、ほとんどすべてが軍事目的であることだ。

有人宇宙ロケットはかつて、人類共通の夢を背負って開発され、打ち上げられた。

もちろん、アメリカとソ連の馬鹿馬鹿しい覇権争いはあった。アメリカとソ連が実際にカネを注ぎ込んだ最大の動機は、相手に後れをとるなという突き上げであった。また軍事目的も、しっかりと組み込まれていた。

それでもなお、アメリカ人とロシア人以外のすべての人間に、新しい人類の可能性を感じさせてくれた。

わたしは小学校五年生のとき、盲腸炎の手術で入院し、その病室にクラスメートの女の子がみんなと一緒に持ってきてくれた「地球は青かった」という本の香りが忘れられない。

「地球は青かった」

それは、ソ連空軍のガガーリン少佐が人類史上初めての宇宙飛行士となり、宇宙空間から地球を眺めて発した、みんなのこころの青空のような言葉だ。

わたしも子供心に、軍人が宇宙飛行士になるんだと思い、宇宙開発は軍の仕事であり、ソ連という独裁国家の威信のためにおこなわれるんだということは、おぼろげには分かった。

しかし、その本の後半は、アメリカのロケット開発の父、ゴダード博士の伝記だった。

ゴダード博士が、子供の頃からロケットのおもちゃを打ち上げるのが好きで、そのために近所の苦情や先生の注意をお父さんが受けながら、好きにさせてくれて、ついに人類史上最初のロケット博士になるまでを、すっかり暗記してしまうほどに読み込んだ。

みんな、子供から大人までアメリカとソ連の争いなんだということは知りつつ、人間の新しいフロンティアが始まったことに胸が弾んだ。

その頃の宇宙開発と、中国の神舟7号の打ち上げは、不幸なことに、大きく異なってしまっている。

まず、フェアに中国の言い分をきちんと受け止めつつ、その違いを考えてみたい。

「神舟7号は要は中国の国威発揚にすぎないという冷ややかな見方や、批判が西側諸国にあるが、いかなる国の宇宙開発もそうではないか。なぜ中国だけ批判するのか」

その通り、宇宙開発のように膨大な国家予算を費やす仕事は、すべからく国威発揚の色は帯びる。

しかし、その色の度が過ぎるのと、そうでないのとは天と地ぐらい違うのだ。神舟7号の打ち上げと、初めての中国人宇宙飛行士による宇宙遊泳という名の船外活動を、なぜ世界の誰も喜ばないのか。

それは、宇宙開発に人類が慣れてしまって、もはや夢の話ではなくなり、湖が干上がったりする地上、餓死する人間がアフリカや北朝鮮で絶えない地上、珊瑚が死滅する海、南の魚が北で採れてしまう海、宇宙よりもこれらを何とかしてくれと、みなが思っているという背景もある。

しかし実際は何よりも、中国の国威発揚の度が過ぎるのだ。

神舟というロケットの命名もそうであり、そもそも北京オリンピックでも貧しい市民の住宅を政府が勝手に潰して街をきれいに偽装して開催したことを世界が知ってしまった直後に、有人宇宙ロケットの打ち上げとなれば、相も変わらず中華思想にもとづく国威発揚が最優先なのかと、ふつうの生活感覚を持った諸国民なら、げんなりしてしまうのだ。

日本国民の税から政府開発援助（ODA）の名で三兆円もの援助を受けてきた中国は、国威発揚のまえにやるべきことがあるだろうと、それは給料から天引きでODAの原資を持っていかれた日本のサラリーマンならずとも思うのだ。

わたしがその日本国民だから、こう言っているのではない。イギリス海軍の大佐に「なぜ日本のサラリーマンは、神舟7号を打ち上げたのなら、そのODAを返せと、中国に言わないのか」と、まともに聞かれたから言っている。

「宇宙開発は、アメリカとロシアはもちろん、フランスだろうがイギリスだろうが、軍事目的を隠し持っている。中国が、どうこう言われる筋合いはない」

これも、中国の言い分だ。

そう、諸国の宇宙開発が軍事上の目的も併せ持っているのは、事実である。

ただし日本だけは、宇宙開発において軍事上の狙いは少ない。それでもゼロではない。日本は現在、四基の偵察衛星を打ち上げて運用している。政府は公式には偵察衛星とは呼ばず、災害時の活用なども含めた情報収集衛星と呼んでいる。しかし実質的には主体は偵察衛星そのものだ。

この「偵察」は軍事の一環である。

その偵察衛星打ち上げに、過去の宇宙開発から得られたノウハウが活かされていないということはない。

しかし同時に、日本の宇宙開発が世界から警戒されていたり、嫌悪されている事実はない。

なぜか。

軍事目的があっても、その「軍事」には侵略性が一切ないからだ。

国連加盟国一九二か国のうち、いや日本の宇宙開発には軍国主義が隠されているとか、いざとなれば侵略するために宇宙技術を磨いていると言う可能性のあるのは、中国、北朝鮮、韓国の三か国だけだ。

偵察は、軍事行動であるが、日本の偵察衛星が純然たる防衛目的であるのは、この三か国以外にはよく理解されている。机上の推測を申しているのではなく、いつもと同じく、すなわちわたしなりの小さな原則に従って、主要国の防衛当局者と直接、話した結果として申している。

またアメリカでは、たとえばＩＣＢＭ（大陸間弾道ミサイル）の発射装置は、政府の委託によって民間シンクタンクが実質的に管理している。

民間の比重が、想像を超えて大きな国がアメリカなのだが、このシンクタンクでのわたしの盟友である軍事専門家は、言った。

「日本のように、どこから見ても防衛目的だけの偵察衛星であれば、ややこしい問題がない。常に、文字通りに見張っているだけなのだから、お役人がいまだ全盛の日本であっても、管理を民間に委託できるのじゃないか」

アメリカの首都ワシントンの郊外にあるこの民間シンクタンクにわたしが別件で訪ねていき、近くのカフェで一緒に昼食をとっているときだった。

静かな風が吹いて、さらりと緑のプラタナスが揺れていた。

しかし、その爽やかな空気とは裏腹に、彼の眼は、一瞬ぎらついた。

日本の偵察衛星の運行がもしも民間委託されるなら、わたしとの親交を活かして、このアメリカの巨大シンクタンクが仕事にできると踏んだのである。

わたしは、この話を日本政府に一切、繋がなかった。

民であれ官であれ、アメリカが日本の衛星を管理するなど、とんでもないことだからだ。それに、日本でそのような民間委託があるはずもなかった。

ただ、彼の話を通じて、アメリカのような軍事国家であっても、日本の偵察衛星は純然たる防衛目的だと芯から理解していることが印象に強く残った。

アメリカがそうであるのは、同盟国だからではない。アメリカは、軍事をめぐって同盟国だからと気を許すような国ではない。

もしも気を許す国なら、アメリカの戦闘爆撃機F15の生産ライセンスを日本に売るときに、搭載コンピュータの肝心な部分をブラックボックス（開けられない箱、中が見えない箱）にして、日本が技術を学べないだけではなく修理・点検もできないようにはしない。

また、そのF15を韓国が売ってくれと長年、言ってきても、売らないできたようなことはしない。朝鮮戦争を一緒に戦い、ともに血を流したからといって信用することはない。その戦いぶりをリアルにみて、信用しなかったから、長いあいだ売らなかった。

最近になって、ようやくF15Kという、いわば簡略バージョン、格落ちバージョンを売った。話がややそれた。

要は、これだけ軍事にシビアなアメリカも、日本の偵察衛星は純粋に防衛目的だけだとみていて、それだからこそ日本の宇宙開発は世界から警戒されていない。

そして日本とはまさしく対照的に、中国の宇宙開発が警戒されるのは、神舟7号の打ち上げと初の宇宙遊泳を含めて、侵略目的があると、広く諸国に信じられているからだ。

中国はもちろん否定する。

ところが、この諸国の説の実証者は、ほかならぬ中華人民共和国と、中国共産党の軍事組織である人民解放軍だ。

人民解放軍は二〇〇七年一月、寿命を終えたまま地球を周回していた中国の衛星を、地上発射のミサイルで破壊する挙に出た。

世界は一驚した。

明らかに、老いた衛星を標的に、練習している。アメリカをはじめ諸国の衛星をいざとなれば撃ち落とすことを。

しかもミサイルは命中し、ばらばらになった衛星の破片が宇宙空間にばらまかれ、日本の気象衛星を含め各国の衛星は軍用、平和目的を問わず、いつその破片に衝突するか分からない危機に追い込まれ、それは今もそのまま続いている。

中国が宇宙をみる眼は、まさしく軍事最優先であることが、こうして証明された。

中国が、たとえばアメリカのGPS衛星を破壊すれば、米軍の指揮命令系統に重大な不都合が生まれるだけではなく、日本のあなたの車が搭載しているカー・ナビゲーションも、あなたの車の現在位置も何も分からなくなる。

日本のカーナビは、米軍のGPS衛星の力を借りて運用しているのだから。

この中国軍が、神舟7号の宇宙飛行士を船外活動させたのは何のためか。

自前の宇宙ステーションをつくり、そこに中国軍を常駐させるためであると、諸国の国防当局と情報機関がそろって、そう判断している。

宇宙空間に衛星の破片をばらまいて恥じない中国軍が、宇宙に常駐するとどうなるか。

いざとなれば世界を宇宙から攻撃し、レーザー殺人光線でも、ミサイルでも自由に撃ち込んでくる体制が整うことになる。

さて、これで神舟7号の打ち上げを世界が祝福するほうがおかしい。別の言い方をすれば、中国は、宇宙空間が人類の希望のフロンティアの一つであったことを最終的に破壊し、身の毛がよだつ上空の脅威空間に変えてしまおうとしている、その始まりが「神の名を僭称する舟7号」である。


世界が、ウォール街から始まった金融危機を経て、基軸通貨も、「世界の警察官」を務める軍事力も喪った未知のカオスの時代に突入していくとき、中国が覇道に徹する、その象徴が神舟7号だ。中国の国内では、この神舟7号を「神7」と呼んでいる。

神、という言葉を、みずからの製造物に冠することにどれほどためらいがないかを、この「神7」の略称はうかがわせる。

しかし中国以外の世界は、このことからも中国を異様な、あまりに異様な巨人とみるだろう。


中国は、その身体の一部だけが急激に太りすぎて、立つことが難しくなった巨人のようだ。

中国は、沿岸の都市部と、内陸の農村部のあまりに極端な格差、そして都市部のなかでも住宅と呼べないような住宅、それでも唯一の家族の住まいを、権力によって気ままに打ち壊される階層が、見上げる超高層マンションの足元に這いつくばって生きている現実が、北京オリンピックの無理な開催で、むしろ明らかになった。

躰があまりにバランスを失していて、倒れそうな巨人に中国を喩えても、無理がない。

その巨人がさらに、後ろから支えてくれていた、もう一人の巨人が倒れることで、膝から崩れ落ちることを恐れ、焦り、身をよじるように虚空を摑み、空に拳を残そうとしている。

その恐ろしい近未来図が、未来図ではなく、もはやそこにある、そこで始まっているカオスなのだ。

第4節　外交の総力戦だった北京オリンピック

さて、これからの中国にとって、前述したように二〇〇八年夏に行われた北京オリンピックが転回点になる。

そのオリンピックを、別の角度から、しっかりと振り返ってみよう。

北京オリンピックは、中国共産党と、その一党支配下にある中華人民共和国の力の誇示のために捧げられた。

それは開会式や閉会式のあまりに華美な演出をみても、もはや誰にも否定しがたい。「平和とスポーツの素晴らしい祭典だった」と讃美するだけのひとは、親中派と呼ばれる人々を含めて、まずいない。

だが同時に、これを一種の総力戦外交とみなければならない。外交上手の中国が展開した、究極の外交と捉え直して考えねばならない。

中国共産党がチベットやウイグルの叛乱をどんな無理をしてでも抑えきってオリンピックを今、開こうとしたのはなぜか。

中国は人件費が上がり、地区の共産党委員会による恣意的なルール変更も嫌われて、外資が逃げ出しつつある。オリンピックで、中国はやはり魅力的な投資対象だと強調する必要があった。

そのためには、たとえば巨大な競技場を出現させ周辺の環境を外国人にも見栄えよくしようと、市民の住む家々を、あろうことか法的手続きも踏まずに打ち壊して更地にした。

隣国の日本をはじめ西側諸国の経済にとって最大の問題は、その総力戦外交が果たして中国経済の先行きにとって有効か、無効か、あるいはそれどころか逆効果か、そのリアルな一点の見極めにある。

北京オリンピックにこれから下る歴史的評価に、偽装五輪の汚名がつきまとうことは、避けがたい。

前述の北京の無理な「浄化」も、市民の権利を保護することから出発した民主主義の価値観からすれば、偽装であるが、中国はこれでもかこれでもかと分かりやすい偽装例をオリンピックの開催中、繰り出した。口パク少女や、年齢詐称を国家に強いられた少女たちである。

これらを総じて言えば、北京オリンピックは仰々しいまでに「成功」を強調しながら、深い部分で大失敗であった。むしろオリンピックを機に、投資意欲が衰えれば、産業資本がほんとうは育っていない中国経済は主要なエンジンの一つを失いかねない。

日本はこの中国経済の減速に備えるだけでは足りない。世界をぐるぐる回るカネ、資本を、日本に呼び込むチャンスと捉えて行動せねばならない。

第5節　栄華を極める上海が喪ったもの

北京オリンピックでは、サッカーの試合は上海で開かれた。

日本選手にはフェアプレイにもブーイングを浴びせかけ、高飛車にまるでピッチから、上海から追い出そうとするような姿をみていると、二度と帰らない古き良き中国の姿が、胸のうちに甦った。

それは、日本人であれ誰であれ、外国人の訪れを心から喜び、素朴な誠意の限りを尽くそうとする、今では信じがたいほどの謙虚な中国人の姿である。

わたしが初めて中国を訪れたのは、一九八三年、共同通信の京都支局で京都府政記者クラブに詰めていたとき、林田悠紀夫・京都府知事（当時）の訪中に同行した記者団の一員だった。

かなり長い日程の最後に、上海に入った。

上海の港は、ハリウッド映画やヨーロッパ人の書いた小説に登場する、石造りの時計台のある税関ビルがそびえ、古いけれどエキゾチックな建物が並んでいた。

しかし港湾の水は、長江が運んでくる黄色い泥が渦巻き、異臭を放っていた。

その泥水を下にみる長い堤防には、見渡す限りのカップルが並んで座っていた。日曜日だった。知事の日程が入っていない休日だったために、わたしは、ひとりの他社の記者と連れだって街へ土産ものを買いに出た。

無数にも思えるほど大挙して座っているカップルの背中を見ながら、わたしたちは広い公園を突き当たり、左へ曲がってデパートはないかと探しながら歩いた。

ふと気づくと、わたしたちの背後に人間の長い列が続いている。まるでグリム童話の「ハーメルンの笛吹き男」で、笛を吹く青年の後ろに子どもの長い列ができたように。

グリム童話では、その笛に従って子どもは森に消えていき、二度と戻らない。

そうなっては困る。いったいなぜ、後ろに列ができて、ついてくるのか。よく周りをみてみた。

まず、すれ違う上海市民が、わたしたちを見てポカンと口を開け、驚いた表情になり、次に嬉しそうな顔になって、列に加わっていくのだ。

つまり外国人が上海の街を歩いていることに驚き、喜び、もっと外国人をよく見ようと列をなしているのだった。

わたしはまず、『ぼくらが外国人だと分かるんだ』と、すこしびっくりした。

当時の上海にはまだ、スーツ姿の人はほとんどいなかった。しかし、わたしたちも休日だからスーツもネクタイも身につけていない。していない。当時の中国人と同じような開襟シャツを着ていた。アジア人同士、どうやって区別が付くんだろうと思った。

背後の列を連れて歩きながら、もう一度よく周りを見ると、確かに雰囲気は、はっきりと違う。

当時の中国国民より日本国民のほうがレベルが高かったというような話をしているのではない。

わたしは、日本の敗戦後に生まれ、育ったわたしたちが、アジア人で居ながらアメリカ風の文化に染まっていることを初めて感じた。

ようやくデパートに着き、お土産を買おうと、わたしはパンダのおもちゃを売っているガラスケースの中を覗き込んだ。

まだ、わたしの息子が小さかったから、パンダがサルみたいにシンバルを叩くおもちゃを買おうと、ふと顔を上げたら、目の前の女性の店員二人の顔がなんとも誇らしげに輝いている。

外国人が自分たちのデパートに買いものに来たというので、顔が輝いているのだ。

それではっと気がつくと、わたしたちの周りを何重にも人が円形に取り囲んでいて、たいへんな人だかりになっている。

その観客たちに向かって店員はとても誇らしげな声で何かを言った。「もっと近くで見なさいよ」と言ったような気がした。

わたしが覚えたての下手くそな中国語で「パンダください」と声を出すと、どーっと沸いて、拍手も湧きあがり、その熱気でみんながさらにうわあっと喜んだ。

わたしは財布を開けて人民元を数えようとした。気がつくとみんなが、あっという間ににじり寄ってきて、みんなで首を伸ばしてわたしの財布のなかを覗き込んでいる。

わたしが一枚の紙幣を出すと、また、うわあっと、どよめく。こんな素朴な国があるのかと、わたしたちは驚いた。

現在はＳＦ映画のような奇抜な超高層ビルが立ち並び、中国のなかでもいちばん国際的な都市ということになっている上海である。

そして、この素朴な上海は、まだ二六年前の上海だ。二六年は、もちろん短くない。なにもかもを変えておかしくないほどの、たっぷりした時間の流れである。

しかし、それにしても上海のこの激変は、中華人民共和国という国がどれほど急速に、猛然としゃにむにみずからを変えてきたかを、何よりも雄弁に物語る。

そして、上海という中国第一の都市が、素朴な内向きの街から、世界に胸を張る、ちょうど北京オリンピックのようにどんな無理をしてでも自分を誇る街に変わった裏では、取り残された内陸部が、どれほどに踏みつけになっているだろうかということも、この激変からうかがえる。

北京オリンピックという偽装の祭りのあとは、この上海で二〇一〇年に開かれる万博が中国の最大の世界への見せ場になる。

わたしは九〇年代の半ばに、北京を訪れたとき、中国共産党の幹部にこう言われた。

「青山さん、われわれは学ぶ民族だ。日本にだって、よく学ぶ。日本が、中国やアメリカに負けて滅亡しかかったのに、中国を差し置いて世界の一流国になったのは、少々無理をしてでも東京オリンピックを誘致したおかげだ」

幹部は言葉を続けて、「そしてね、オリンピックだけじゃ駄目なんだ。日本は東京オリンピックとセットで大阪万博をやったからこそ、ほんとうに一流国になれた。われわれもオリンピックと万博をセットで成功させたい」と確信に満ちて、話した。

それは二〇〇一年七月にモスクワで開かれたＩＯＣ（国際オリンピック委員会）の総会での投票で、北京が二〇〇八年五輪の開催地に決定する六年ほど前だった。

東京オリンピックは一九六四年、大阪万博はその六年後の一九七〇年に開かれた。中国は日本を追い越す速度で成長したいのだろう、オリンピックからわずか二年後に、上海で万博を開くのだ。

その上海が、世界でも稀にみる素朴な都市だったころ、デパートでパンダのおもちゃを買って外へ出ると、夕暮れがおとずれていた。

港へ歩いてみると、チベット高原から流れ出て、上海の河口で海と交わる長江（揚子江）が運んできた内陸の泥が、河口の港を一面になんとも言えない泥の色で満たしていた。

向こう岸に外灘《わいたん》（上海に租界があったころのエキゾチックな古い石造りのビル群が並ぶ地区）がみえていて、時計台のある有名な上海海関のビルが美しい。

その泥の海に面した、長い岸壁に、中国人のカップルが順番にずらりと並んで腰かけている。京都の鴨川でカップルが微妙な距離を置いて並ぶのに似ているが、人数は何十倍にして、しかも微妙な距離もへったくれもなく違うカップル同士が肩をぶつけ合っている状態で、もう見渡す限り、電線の上にスズメが止まっているようにざあっと並んでいた。

この膨大な数のカップルがやがてすべて子どもを産むのかな、中国はたいへんなエネルギーを秘めているし、たいへんな将来の問題も抱えていそうだ。そう思いながら宿舎に帰って原稿を書いていたら、あるテレビ局の若い記者がわたしの部屋にやってきた。

「青山さん、実はすごい情報があって、今から撮りに行きたいんだけど、怖いんで一緒に来てくれませんか」と言う。

「へえ、もちろん一緒に行くけど、すごい情報って何？」

「いや、来たらわかりますから。放送できるかどうかわからないんですけど」

どんな凄い話だろうと、わたしは彼とともに、こっそり宿舎を抜け出た。わたしたちにはいつも、通訳だとかガイドとかの名目で中国の公安が監視に付いていた。

その監視のすきまを狙って、夜の街に出ると、彼は夕刻にみた岸壁のほうへ向かう。

そして「教えてもらったの、ここなんです」と彼が立ち止まると、そこは岸壁の奥にひろがる広大な公園の入り口だった。

公園がどうしたのかと思いながら、その中へ何気なく入っていくと、そこらじゅう、つまり植え込みの陰や、それから人によっては芝生の上でおおっぴらに秘め事の真っ最中だった。

驚きつつ、公園の管理人のような人が見回っていたのをつかまえて、まだ覚えたての片言の中国語で、「これは大丈夫なのですか」と聞くと、「いや、大丈夫」と答える。

その管理人のような人は、そのあと身振り手振りを交えて熱心に説明してくれた。

どうやら、こう言っているらしい。

「実はどの市民も家が狭くてね、これをやっているのは夫婦だよ。恋人じゃない。家では、おじいさんもおばあさんもちっちゃい子どももいるから、とてもじゃないけどセックスはできない。みんなこの時間になると夫婦はこの公園で子づくりに励むんだ」

テレビ局の記者はなんとか撮ろうとして一瞬ムービーライトを点ける。すると、裸の人間が逃げ惑ったりする。

わたしがテレビ記者に「どうせ、放送できないだろ。プライバシーの侵害だよ。やめよう」と言うと、彼は「いや、ぼかしを入れたりして何とか放送できますよ」とまたカメラで、一糸まとわぬ夫婦を追いかけようとする。

「あ、そうか、じゃ、ひとりでやれ」と、わたしがあえて公園の入り口に引き返していくと、彼は案の定、大汗をかいて走ってきて「怖いじゃないですか。置いていかないでくださいよ」と叫んだ。

「きみがあの夫婦のひとりだったら、外国人に撮られたいか。すくなくとも、ぼくは協力できない。テレビのプロとして、どうしてもやりたいのなら、ひとりでやるべきだろ」。そう言うと、彼はカメラを肩から降ろした。

中国の現実はこうなんだ。中国はこれから大国になると言っているけども、実は夫婦が性生活を営む場もないいんだということが、よくわかってよかった。このテレビ局の彼のおかげだ。

わたしはそう考え、彼には今後の日程のどこかで埋め合わせをしようと思いつつ、昼間のあの素朴な中国人の姿も考え合わせて、中国はこれからどうなるのかなぁと思いにふけった。

しかし、こういう中国だったら日本がちゃんと手を差し伸べて、日中経済協力も行って、まじめな夫婦が昼間ああやってまじめに働いたら、家へ帰ってちゃんと性生活も送れるような国になるように、日本は協力したい。

わたしは、そう考えて、今はもう真っ黒に沈んでいる河口の海を眺めた。

中国がその素朴さと謙虚さをすこしでも残していたら、北京オリンピックは偽装五輪にならなかっただろうし、中国の観光客が世界でこれほどまでに嫌悪されることもなかっただろう。

いや中国も、内陸の貧しい農村に行けば、今も昔と同じ素朴で謙虚なひとびとが働いている。しかし、昔よりも、ずっと貧しい。貧しいというよりも、ありありと農村が荒廃しているのだ。

中華人民共和国は、上海を筆頭に繁栄と栄華を極める沿岸部の大都市群こそ、いちばん大切なものを喪ったのではないだろうか。


このときの中国訪問は、先に述べたように京都府の林田知事の訪中同行だった。

あるとき、わたしが林田知事の立つすこし先を横切ると、中国共産党の幹部が血相を変えて、若手記者だったわたしに食ってかかった。

「あなたは偉い人の前を通った。そんなことは絶対許されない。後ろを回らなきゃいけない」

わたしは即座に反論した。

「あなたがたのような独裁国家と日本は訳が違う。あの林田知事は確かに偉い人だけど、わたしたちが選んだ人だから、いくらか前を通ろうが何の失礼にもならない」

前といっても三メートルぐらい離れている。そもそも、わたしと共産党幹部の「論争」が、その林田知事には聞こえないぐらいの距離がある。

「ぼくのしたことが礼に反するのであれば、知事が何かおっしゃるはずでしょう。知事の護衛（SP）もなんか言うはずでしょう。何も言わないでしょう。民主主義というのはこういうものなんです。あの人はわたしたちが選んだんだ」

共産党幹部は、憤然と「それは、孔子様の言っていることと違う」と言った。

当時の中国は共産党の幹部であっても、まだまだ儒教の影響力が非常に強く残っていた。

ところが現在の中国はどうか。

つい最近、朝の報道番組に参加（生出演）したとき、番組後に中国人の日本の大学教授が「中国は儒教の国だから、親兄弟、親戚一同を素晴らしく大事にする。オリンピックの熱心な応援も、その伝統を理解すると、もっと分かる」とおっしゃる。

言われた日本の政治家は、しきりに頷く。

現実の今の中国は、問題になっていることのひとつが、都市部にたくさんの姥捨て山ができているということだ。

これは老人ホームだから日本にもある。

だが、中国特有の社会問題になっているのは、改革開放経済でお金を得た親から、若い人がその貯金を全部、奪い、施設が不充分だと分かっている遠隔地の老人ホームに押し込んで、その後一回も会いに来なかったり、文無しになった親を死の時まで老人ホームに閉じ込めたりしている事実だ。

日本も子殺し、親殺しの事件が当たり前のように起きる国になり果てているから、アジアの現実はお互いさまと言えるが、中国の都市部では「事件」ではなく、ふつうの日常になっていることが、やはり、より深刻だ。

前述の大学教授は、政治家が頷いてくれることに気をよくされたのか、「日本では、子が親にカネを借りるとか、兄弟同士でカネの貸し借りがあるじゃないですか。中国では、親兄弟の財布はみんなの共有物という麗しい伝統があるから、そんなに水くさいことはしない」と声も大きく、熱心に力説した。

「いや、子が親から身ぐるみ剝いで、姥捨て山に親を捨てる現実が起きているじゃないですか」とわたしが言うと、「そんなことはない」という大音声が返ってきただけだった。

ちなみに、この大学教授は、上海の出身だ。


実際には、中国のいわば良き儒教の伝統はあっという間に失われている。

そして上海の歩道やデパートで見たような、あの素朴だった中国人はただの一人もいなくなって、このオリンピックで日本の選手に大集団の勢いでアンフェアなブーイングを飽きもせずに飛ばし続けるという、はっきりといえば傲慢な中国人に変わってしまった。

わたしは現在の中国を訪れると、ふと今のイランなどを思い浮かべることがある。

イランやパキスタンなどに行くと、まず空港に用もないのにいっぱい人が来ている。空港に行ったら、なんとなく外国人を見られるし、飛行機も飛んでいるというので、用もないのにたくさんやって来る。


たとえばパキスタンの首都イスラマバードの空港に着くと、そういう人が人間の壁みたいに大量にいる。人間の壁に体当たりして、誰も傷つけないように細心の注意を払いつつ、それからスリにも遭わないように苦心しつつ、大胆に壁を掻き分けていかないと、空港ロビーから出られない。タクシーにも乗れない。

わたしが社長を務める独立総合研究所（独研）に、ある電力会社の若手ホープの女性が研修に来て、わたしや独研の研究員と一緒にパキスタンへ海外出張に行くと、その人間の壁だけでショックを受けて、次の日は気分が悪く一日、ホテルで寝ていた。

日本と違う途上国の現実を、しっかりと体感したわけだから、スムーズに旅程をこなすよりも、こうやって一日だけ寝込んだりするほうが意味があったりする。

かつての中国も、いわばそういう国だったわけだ。しかし遅れた国ではあっても、あの素朴だった中国がもし今、カケラでもあったら、日本と中国の関係はこんなふうになっていない。

日本と中国の政治家同士の関係ではなくて、日本国民が中国の覇道に圧迫感を持つことも少なかっただろうし、ウイグルやチベットでも一九八〇年代前半のようにデモ行進もできただろう。北京オリンピックもこのような偽装による国威発揚の場にはならなかっただろう。

そうすると、今の中国というのは、ほんとに本来の中国なのか、という根っこの疑問に突きあたる。

かつて中国が素朴だったのは、単に遅れていたからそうだったのか。いや改革開放の名のもとに社会主義市場経済という「利益だけはいくら追求してもいいが、自由は求めてはいけない」という世界の歴史からしてきわめて奇怪な経済を導入したからなのか。

それを、わたしたちはもう一度ここで考える必要がある。

第6節　兵士が警察に化けている

この林田知事との中国訪問で、最初に足を踏み入れた天津の地は、唐山地震からすでに約七年を経ていたにもかかわらず、市内の中心部から郊外まで、まだ瓦礫に埋まっていた。

その瓦礫の中で子どもたちが一生懸命復興を手伝っている。

その子どもたちに近づいていくと、子どもたちは生まれて初めて外国人を見るのでたいへんに喜び、わたしたちも身振り手振りを交えた中国語で、なんとか話そうとたがいに笑顔でやっていると、通訳のはずの中国人がいきなり子どもを蹴ったり、あるいは殴ったりして遠ざけた。

これが通訳という名目の公安であることは分かっていたが、その子どもに対する乱暴ぶりに衝撃を受けないわけにいかなかった。

わたしたちには何も危害を加えない。しかし、それだけに目の前で自国の無抵抗の子どもたちの腹を蹴り、頭を殴ったりすることが許せずに、わたしは公安に思わず日本語で「やめろ。何すんだ。何がいけないんだ」と叫んだ。公安が中国語で言い返すのなら、まだ救いもあるのだが、公安は不気味な無言を守って、子供たちをまるで家畜のように瓦礫の奥へ追い立てた。

外国人、特に記者であるわたしたちに一般国民を近づけるなという徹底した指令が出ていることをありありと感じた。

当時の中国には、たとえばタクシーなどは、ほとんどなかった。そこで人民解放軍のバスに乗って移動したりするのだが、なんともはや、バッテリーがもったいないという理由でライトを点けないで疾走する。

当時から中国には人間が沢山いるから、次から次へ人間をはねそうになり、あぁっと叫んでしまうが、運転する若い兵士は平然としている。

あとで日本の外交官に聞くと、わたしの乗っていたバスがひとりの市民もはねなかったのは単なる偶然で、軍の車両が市民をはね上げるのは、そう珍しくはないということだった。人間の命よりもバッテリーのほうが大事と、ライトを点けないで疾走する。それも無茶なスピードだ。

わたしは現在、危機管理が本職のひとつだが、当時も今も、自分の危機管理はしない。

万里の長城で、食べてはいけないと言われていたアイスキャンディーを食べて、凄まじい下痢になり、泊まっていた人民解放軍の宿舎でトイレからまったく出てこられなくなった。

解放軍の兵士がトイレに入れず困って、ドアをどんどんと軍靴で蹴る。若い記者だったわたしは下痢で出られないだけではなくて、人よりバッテリーを大事にする軍部に、こころの底からの反発が湧きあがってきて「何が人民解放軍だ。人民抑圧軍じゃないか」と、これまた日本語でぶつぶつ言いながら、激しい腹痛に耐えてトイレに立て籠もっていた。

この話をのちに、亡命チベット人にすると、彼は笑い、「トイレで人民抑圧軍と命名ですか。青山さん、すこし臭いけど、たいへんな正解ですよ」と言い、また大笑いしてから、表情を変えて「その軍の体質は、ちっとも変わっていないですよ。われわれチベット人の命を粗末にするだけじゃない。漢人だって、軍にはどんな犠牲も強いられます」と言った。

そして亡命ウイグル人によると、「そう言うトラックやバスの暴走は、軍もあるけど、今では人民武装警察のほうがひどいです」という。

さらに亡命ウイグル人は、注目すべき情報を述べた。

「青山さん、あなたが北京オリンピックを偽装五輪だというのは、とても共感します。実態の通りを、ありのままに言っているから。そしてね、人民武装警察も偽装です」

「すなわち、人民解放軍が一九八九年の天安門事件で戦車を繰り出して学生を虐殺したために、世界の非難を浴びて、共産党は、軍の市民抑圧部隊を警察に偽装することを思いついた。そういうことは悪魔のように巧みです。人民武装警察は、それまでのふつうの公安（警察）と違って、警察官として国家に雇われたんじゃない、訓練されたんじゃない。兵士として徴用され、訓練されて、それから警官に化ける。それが人民武装警察です」

「これができてから、いかなるデモや集会を弾圧する時も、軍は出ない、警察が取り締まっているだけと、共産党は涼しい顔で説明し、西側メディアも、あっさりと、あぁ警察か、それなら問題は少ないと関心を失ってしまう」

人民武装警察の実態については、わたしも西側の安全保障の専門家のひとりとして、情報はあったが、この亡命ウイグル人の証言は、みずからが人民武装警察の装甲車や機銃で追われた経験に基づいている。

そして追われる立場にいるだけでは、物事のごく一面しか見えないが、彼らウイグル独立運動のメンバーは、ほんとうは漢人の不満派とも情報交換している。農家の四男や五男で解放軍兵士であったり、人民武装警察の一員であったりする若者も知っているのだ。

亡命ウイグル人は、この情報を話すうちに、突然に涙をこぼし始めた。

わたしは誠実な彼の表情を見守りつつ、その涙は悔し涙のような気がした。

すると彼は、わたしの胸の内を見抜いたように「青山さん、わたしは悔しい」と言った。

わたしはただ、「はい」と答えて、彼の次の言葉を待った。

彼は涙を静めようと懸命に努力しつつ、もう一度、口を開いた。

「日本のメディアには、ほんとうにひどい人がいます。いちばんはXというジャーナリスト（実際は実名）です。よくテレビで見ますけど、ウイグル自治区で人民武装警察の警官が襲われる事件を、アルカーイダと同じ残忍なテロだと言っています。いったい彼が、人民武装警察の何を、ウイグル自治区の何を、ウイグル独立運動の何を、知っているんですか」

「われわれは、北京オリンピックの前も、オリンピックの期間中も、オリンピックの閉幕後も、人民武装警察と戦っている。しかし決して、市民を襲ったことはない。イスラーム原理主義のプロのテロリストたちは、市民をまともに狙って殺害しているじゃないですか。わたし自身も、ほとんどのウイグル人も、ムスリム（イスラーム教徒）ですが、ただのひとりも、イスラーム原理主義と関係を持っている人間はいないし、市民を襲うなんて考えたこともない」

「Xさんは、全国紙（実際は実名）の記者出身で、日本を代表するジャーナリストのように扱われているけど、実際は、ウイグル独立運動がアルカーイダから援助を受けているといった単なる噂や、あるいは謀略情報をそのまま受けとって、そこで勝手に先入観をつくって、テレビで発言する。わたしはテレビ局へ何度も電話し、ツテもたどって彼に会おうとするけど、すべて拒否というか、無視される」

「今ここで話しているように、彼にもこんな風に、話を聞いてほしい。なぜ当事者の話を聞かないで発言できるんですか。なぜですか。彼がヘアスタイルがかっこよくて、着ているものもおしゃれで、女性に人気があるから、テレビで何でも発言できるんですか」

わたしは、朝の番組本番まえに、このXさんがスポーツ紙を読みふけって「情報収集」している姿を何度も繰り返し目撃しているだけに、この誠実な人柄の亡命ウイグル人に何も言えず、黙していた。

Xさん個人の課題だけではない。

わたしも、共同通信の記者であることはみずから辞めたが、メディアを通じた発信者のひとりであり、どれほど自戒してもし過ぎることはない。

わたしたち日本国民、そして世界の多くの国民が、ウイグル自治区、チベット自治区、内モンゴル自治区で何が現実なのか、ほとんど知らないのだ。

もしも、このつたない書の表紙のように、ウイグルもチベットも内モンゴルも独立して初めて、わたしたちは人民解放軍や人民武装警察の抑圧と弾圧なしに、その地の現実をみることができるのだ。

自由なしには、いかなる現実もほんとうには分からない。

覇道とは、武力や策謀や権力で、その自由を踏み潰して、国家や政権党や独裁者の意思を実現しようとする道だ。

王道とは、自由を確保し、そのために国家や政権党、あるいは為政者にとって都合の悪い情報が国民に渡って、政治が停滞し、経済が打撃を受けることがあってもなお、主権者が現実に迫ろうとする努力こそを奨励する道だ。

わたしが上海から一三〇キロほど西の長江デルタにある都市、無錫を訪れたとき、古寺に入った。そこの僧に会いたかった。無錫は文人を数多く生んだ街で、僧にも哲学者と言うべきひとがいる。ところが、怯えたように自分の僧院から出てきてくれない。交渉しているうちに分かったのは、そのお坊さんは文化大革命の時に引きずりまわされて対人恐怖症に陥っているのだった。

しかし日本からのお客だということが伝わると、そんな珍しい人が来たのかと、ようやく出てきてくれた。きわめて控えめで物静かな、そして心に傷を負ったということがありありわかるようなお坊さんだった。

わたしがあえて「文化大革命はとっくに終わりました。それでも怖いですか」と聞いてみると、僧はわたしの眼を覗き込むように見て中国語で、何か重たげなことを言った。

通訳が訳してくれた。「中国はあっという間に何が変わるか分からない国です。だから、自分はこの廃墟のようになった寺で、永遠に表には出ないようにしているんです」

覇道は常に変動する。

王道は永く変わらない。

わたしは、この僧は祖国を信じていない、おのれの父祖の国を信じられないのではなく、この国が覇道の国である限りは信じない、と言っているのだと感じた。

そのときから、王道による国家づくりと、覇道による国家づくりをフェアに対比させた書をいつか書きたいと、願ってきたのである。

第7節　ハッキングされたアメリカ

現在の中国の覇道を、あまりに端的に象徴する知られざる事実が、北京オリンピックの最中に起きていた。

人民解放軍のサイバー部隊が、北京オリンピックで中国に入国する外国人が大量に持ち込むノートパソコンやPDA、携帯電話といったモバイル型の情報端末へ、ハッキング（電子的な侵入）を遂行していた。

わたしは防衛省、アメリカ国防総省、イギリス国防省などの複数の関係者から、北京オリンピックの開会まえにこの情報を得て、独研（独立総合研究所）が配信している会員制レポートの会員に、このハッキングに警戒するよう伝えた。

すると、たとえば広島県の意識の高いメーカーから、すぐに社長室長が会いに来られ、具体的な防止策から将来の見通しまで克明にわたしに聞いた。

北京オリンピックを観戦するからではなく、中国に工場を持つからだった。

これは実に正しい意識だ。

人民解放軍は、世界でもっとも電子戦、すなわちハッキングに注力している軍隊であり、北京オリンピックの開催中だけ、この作戦を遂行するのではない。

オリンピックのいわば「裏活用」として、オリンピックを機に新たなハッキング作戦段階に入ろうとしている。

中国と関わりを持つ限り、それはビジネスだけにとどまらず、単なる観光客として中国に入るひとも、中国に共産党の独裁政権と、国家ではなく党の軍隊である人民解放軍のある限りは、永遠にこの「電子による侵入」にアラームをみずから鳴らさねばならない。

人民解放軍のサイバー部隊は、見方によってはアメリカ軍のサイバー戦闘能力を上回っている。

これは、わたしが言うのではない。当のアメリカ軍の高級将校が皮肉っぽい口調で言う。「うん、なにせ、ペンタゴン（国防総省）のゲイツ国防長官のデスクトップ・パソコンに中国軍と思われる侵入者がハッキングに成功して、幸いに、早めにそれが分かったから、慌てて電源を切って、大した被害はなかったけどね。やられたよ」

人民解放軍は、早い段階からサイバー攻撃を「戦力強化と作戦展開の主要な柱」として明確に重視していた。

そして江沢民政権の後期になって格段に加速し、胡錦濤政権となってもその路線を維持している。

そのうえで中国共産党の軍事部門は、北京オリンピックで外国から多くの政府高官、企業関係者が中国入りし、さらにその家族もオリンピック観戦のために入国することを「徹底活用」してサイバー作戦を強化することを機関決定し、予算を一気に増額して、解放軍のサイバー作戦準備を急ぎ、オリンピックの開幕に余裕をもって間に合わせた。

アメリカ連邦議会の諮問機関である「米中経済安全保障検討委員会」のラリー・ウォーツェル委員

長は議会報告で、「中国政府は独裁政権として、その国内のインターネットのプロバイダーを、中国軍を通じて完全支配している」と指摘し、「そのために中国軍は、外国人が持ち込むモバイル機器から情報を盗むことは当然、可能であるし、ウイルスやバグ（直訳すると「虫」、電子的なキズ）を植え付けることも、さしたる困難もなく常に遂行できる」と明言した。

さらにＦＢＩ（連邦捜査局）出身のマイク・ロジャー下院議員（共和党）もメディアなどを通じて、こう発言している。

「アメリカ政府は、今やもっとも重要な貿易相手国となった中国に遠慮をして、中国軍のハッキングについて明確な警告を出さないままだ。しかし中国が北京オリンピックという最大級のチャンスを見逃すことは、決してない。ハッキングの拡大の機会として、必ず活用するだろう」

これに対して、中国外務省の秦剛報道官は、外国人記者との記者会見で、「人民解放軍がアメリカ国防総省のコンピュータに大規模にサイバー攻撃をおこなって、ハッキングに成功するなど驚くような戦果をあげたとされているが」と質問された。

これは、前述したアメリカ軍の情報将校がわたしに述べた「攻撃」のことを指している。秦剛報道官は、いつもの木で鼻をくくった口調で「根も葉もない嘘である」と全否定してみせた。

嘘だ、単なる噂だと、全否定すれば、根拠を示せもクソもなくなると記者団を舐めきった、いつもの常套手段の回答である。

ところが、アメリカ政府も国務省などが反論を明らかに控えて、いや遠慮して、中国の根拠なき全否定がそのまま、まかり通っている。これに対してアメリカ国防総省の内部には「怒りと懸念と不安」（海軍幹部）が強まっている。

アメリカは、中国の覇道に対抗できていないという、日本の知らないショッキングな実態が、ここにある。

一方で、中国はその覇道を驀進するために、アメリカを徹底利用している。

というのは、人民解放軍は、アメリカのITトップ企業に在籍する中国人のコンピュータ専門家や、MIT（マサチューセッツ工科大学）をはじめアメリカのトップクラスの情報系大学で博士号を取得した中国人を、驚嘆するような異常な厚遇で取り込んでいる。

その厚遇とは、本人への多額の報酬の一括まとめ払いに加えて、生涯にわたる高額報酬の月払いの保障、さらには広大な土地や豪華な邸宅をタダで与えている。

これらの「最高戦力」の人材によって、人民解放軍のサイバー部隊は、ユーザーがモバイル機器から消去したデータを、その隠れた痕跡から完全復元して盗んでしまう高度な技術をすでに確立している。

中国軍は、北京オリンピックの開催中に、このハッキング戦力をフルに稼働し、大量に訪れた外国人の持ち込んだモバイル機器内に蓄積された情報を、痕跡をまったく残さずに盗み、電子メールなどのやり取りを自在に盗み見て、そのあとに、モバイル機器内にウイルスやバグをしっかり植え込んだとみられる。

これはアメリカ国防総省だけではなく、日本の防衛省やイギリスの国防省、それから中国情報に強いフランス軍も、実質的にほぼ確認している。

この、北京オリンピックを不当にも利用したハッキングで攻撃対象となった外国人は、政治家や官僚、あるいは軍人といったひとびとだけではない。

防衛省の専門家の一人もわたしに「間違いなく、広く民間人を対象として（ハッキング）作戦をしっかり遂行してしまった可能性が非常に高いですね」と語った。

どんな民間人か。

まず、一定以上の規模の企業、および技術力のある中小企業と零細企業、マスメディア、シンクタンクなど情報に関与する組織に属する人、さらに、その家族などがターゲットにされたと思われる。

企業は、北京オリンピックにあたって、公務の出張はもちろんのこと、私的なオリンピック観戦や中国旅行であっても、香港、マカオを含めて中国国内に入るならば、社の業務に関わる情報が入っているモバイル機器（ラップトップパソコン、ＰＤＡ、携帯電話など）すべてについて、所持して中国に持ち込むことを社命によって禁じる必要が緊急に生じていた。

これは社員だけではなく、家族に対して要請する必要性も、非常に高かった。

そして中国だけではなく、台湾、および華僑の支配力の強い諸国（シンガポール、マレーシアなど）に入国する場合も、特段の注意が必要だった。

独研は、その会員制レポートの法人、個人に対して、その警告を発し、前述したメーカーだけではなく、基本的に警告は活かされたようだ。しかし、ほとんどの日本企業は、こうした措置を執らなかった怖れが強い。

たとえば、日本の全国紙の著名な外交専門記者の北京オリンピック中のコラムに、こんな記事があった。

「何気なくモバイル・コンピュータを持っていったら調子がおかしくなった。専門家に見てもらったら、大量のウイルスにまとわりつかれていた。駆除に追われて、困った……」

つまり、中国にもアメリカにも人脈を持ち、中国の軍事事情に詳しいこの記者であっても、北京オリンピックを利用した人民解放軍のサイバー攻撃作戦については知らなかった。

そして、もっとも恐ろしい事実は、この記者は現在の駐在場所であるワシントンに、このモバイル・パソコンを持って帰ったらしいことだ。ウイルスを駆除したから大丈夫だということなのだろうが、とんでもない。

世界最強、最悪のハッキング能力を持っている中国軍の養っているウイルスに一度、入り込まれたパソコンはもはや、そのハードディスクを、原始人が敵の頭を叩き潰すがごとく、ハンマーで実際に叩き壊すしかない。

それをしていないパソコンから、その強力無比のウイルスが、その報道機関、さらにワシントンのさまざまな機関、組織、個人のコンピュータに侵入を現在も続けている怖れも強い。

この記者だけの問題ではない。

中国にとって主要なサイバー攻撃対象の国と都市、すなわち日本国内の主要都市と、アメリカの政治首都ワシントン、経済と金融の首都ニューヨーク、軍事都市のサンディエゴなど、イギリス・ロンドンの金融ゾーンであるシティなどでも、中国軍サイバー部隊によるハッキングの恐れが、北京オリンピックの終了後、従来に増して格段に高まっている。

そして中国は、北京オリンピック開催中の「作戦大成功」によって、オリンピックの終了後も、中国および中国の実質的な支配下にある地域に入ってくる西側関係者に対しては、そのモバイル機器に恒常的なハッキングを行う態勢をほぼ整えたとみられる。

複数の防衛当局者の証言だ。

したがって、北京オリンピックが終了すれば済む問題では、まったくない。

むしろ北京オリンピックを機に、中国のサイバー・アタックに対して永続的な注意態勢が必要ということになってしまった。

このサイバー・アタックは、中国軍が行う軍事侵攻なのだが、宣戦布告も、外交関係の異常な緊張も何もないまま、まったくの平時に、なんらの兆候もないまま、中国によって勝手に行われる侵攻だということが、つい最近までは想像もされなかった、新しい、極めてアンフェアなチャイナ・リスクである。

中国関係者はわたしに、「青山さん、アメリカやイギリスだってエシュロンを使ってサイバー作戦をやっているじゃないか。中国の作戦遂行はだから、正当な対抗行為だ」と本気で強調したが、噴飯もの、そのものだ。

エシュロンとは、アメリカやイギリスが世界のインターネットに網を張り、テロとか爆弾とかのキーワードにヒットしたとき、その電子メールやファクシミリなどを盗み読むシステムだ。

アメリカもイギリスも、公式にはその存在を認めていないが、日本の防衛省も警察庁もその存在を確信している。

これも盗み読みであるから、アンフェアだが、中国軍のサイバー攻撃のようにウイルスを植え込んだり、テロなどに関係しなくてもすべての情報を勝手に盗んだり、あるいは中国が望む時にいつでも他国の他人のコンピュータを破壊できるよう、電子的ないわば爆弾を埋め込んだりする行為とは、フェアにみて、あまりに違いすぎる。

ほんとうは、中華人民共和国という独裁軍事国家にオリンピック開催権を与えたことが、根本的な間違いだった。

しかし今さらそれを言っても始まらない。

これからどうやって護るか、わたしたちは行動せねばならない。

まず、北京オリンピックという偽装のお祭りのあとに、モバイル機器だけではなくインターネットのすべてにおいて中国軍のサイバー戦闘能力に常に脅かされる時代が始まったと覚悟を定めることが第一だ。

そのうえで、個人も企業もしっかりと自己防衛するしかない。

日本国としての取り組みも、絶対不可欠だ。前述したように、アメリカすら中国に遠慮をしている現状だから、親中派福田政権にそれを望むのは無理だった。新政権こそ、取り組みを始めねばならない。

この北京オリンピック後の中国軍サイバー部隊の脅威は、もはや日本の安全保障はアメリカ頼みでは済まない時代に入ったことの、最先端の象徴である。

わたしは、専門家の端くれとして、首相官邸や防衛省、警察庁、海上保安庁、消防庁などの政府機関に、水面下での働きかけは強めている。

しかしサイバー攻撃の脅威の深さ、重さについては、まだ新しい道の脅威だけに、政府関係者のなかにも認識が間違っている人が少なくない。

アメリカ政府の関係者は、「これから中国に入る際には、モバイル機器から重要なデータを消去しておこうということだよね」と、わたしに語った。

だが、これではまったく不充分である。

そのモバイル機器に、ウイルスやバグを植え付けることが、中国軍サイバー部隊の「秘かな戦闘」の中核部分のひとつなのだから。

今後、中国に入国する際には、まったくさらの、新しいモバイル機器を持ち込まねばならない。それは確かだ。

そして、そのモバイル機器を使って中国国内で電子メールを送受信する際は、日本を出国する前にアナログで決めておいた暗号を用いて、しかも最小限の送受信にとどめねばならない。

電子メールを既存のソフトで暗号化するだけでは、まるで足りない。

電子的な暗号化など、やすやすと乗り越えて電子メールは盗み読みされる。

しかし盗み読みしても、その内容がアナログで、つまり例えば、個人ならおたがいに口で「あなたのことは、パンダと呼ぶ」などと決めておき、企業なら口頭の協議で「この技術のこの部分は、ミミズと呼ぶ」などと決めておけば、せっかく人民解放軍が盗み読んでも、内容を把握できない可能性が出てくる。

つまり盗み読まれることを、むしろ想定して、ハイテク抜きの手段で暗号にしておくことが、かなり有効な防衛手段になる。

ただし、この場合、ひとつの言葉に複数、それもなるべく数多くの暗号をかぶせるなどの複雑化は不可欠だ。そうでないと、内容を読み解かれる。

また中国から出国したとき、帰りの機中ですぐさまウイルスやバグを徹底チェックし、日本に戻ったときに、もう一度、完全チェックを行わねばならない。

それが終了するまで、日本のインターネットに決して、繋いではならない。

もし繋げば、そのひとの属する企業、個人的なネットワークだけではなく、日本社会全体に広く害を与える恐れがある。

北京オリンピックは、ことほど左様にやっかいな置き土産を、世界に与えたのだ。

まさしく中国の覇道の極致とも言える。

そして北京オリンピックからほぼ一年が経とうとしていた二〇〇九年七月、アメリカと韓国は、その政府機関のウェブサイトが北朝鮮からとみられる大規模なサイバー攻撃にさらされた。中国がオリンピックを機にため込んだサイバー情報が一部、北朝鮮に流出した恐れもある。

第8節　なぜ中国の外相を呼べないのか

そのオリンピックで沸く最中の北京に、ひとり日本政府の主要閣僚だけが、オリンピックとはまったく異質な案件で入った。

それは高村正彦外相（当時）である。

テーマは、毒ギョウザ事件だ。なんともはや。

運営が偽装に満ちたオリンピックとはいえ、選手はまさしく純に戦っていた。日本の北島康介選手や、日本の上野由岐子投手ら女子ソフトボールチームをはじめ、にんげんの肉体と精神の混じりけのない真剣勝負の真っ最中の北京に、日本の政府だけ毒ギョウザで閣僚が駆けつけるとは、いったい何だろうか。

なぜ、日本政府も、そして開催国の中国政府も、オリンピックが閉幕してからの協議ではいけなかったか。

高村外相のこの訪中の直前に、わたしは長い付きあいの外務省幹部に電話をし、「何のために」と問うた。

幹部はわたしに「そりゃ、青山さん、国民の食の安全のために一日も早く毒ギョウザの一件を解決するためだよ。オリンピック閉幕を待たない、素晴らしい、素早い行動だと評価してほしいな。評価すべきでしょう」と言った。

最後のひとこと、「すべきでしょう」には、ふだんクールな物言いの彼には不釣り合いな、強いて迫りくる雰囲気があった。

わたしは「ご冗談でしょう」と言った。

「毒ギョウザで日本国民に被害が出たのは、ことし（二〇〇八年）の一月ですよ。二月には中国の公安省が、日本でギョウザに毒が入れられたことを示唆する、無茶な記者会見をやった。ところが福田総理が『中国は非常に前向きだ』という、無茶の後押しのような発言をなさって、警察庁だけが怒って外務省は沈黙、そのあとは放ったらかしだ。それが七月七日に北京の日本大使館に、中国のエライ人がやってきて、実は中国の国内で同じ毒ギョウザの被害が出たと明かした。明かしたけど、捜査上の秘密だから黙っておいてくれと言われて、日本国民に伏せ続けた。しかし八月六日に、首相官邸のある人のリークで新聞が報じて、国民が怒った。だから、あえてオリンピックの期間中に異例の訪中をして、国民にアピールしようという意図じゃないですか。はっきりしていますよ」

彼は黙っている。

「いま申した一連の流れを、フェアにみれば、日本国民の食の安全は二の次で、いつも中国のメンツが最優先、福田総理を筆頭にそうであると言うほか、ないでしょう」

彼は「そうかな」と不快そうに、一言だけ発した。

「不愉快みたいですけど、愉快か不愉快かという問題じゃない。これは中国の社会矛盾を背景にした食品テロだ。巨大な社会矛盾はむしろこれからも拡大すると思われるのだから、食品テロはこれからも起きる。解決を曖昧にしたら、それも呼び水になる。そうでしょう」

わたしは相当に腹が立っていた。

「輸入食品を使ったテロは、検疫強化だけではまったく防げませんよ。膨大な中国からの輸入食品を、どうやって全品検査するんですか。できませんね。サンプル検査しかない。残留農薬汚染とか、そういうものだったらサンプル検査も役に立つ。しかし食品テロは、凄まじい数で生産される食品の、わずかな数に突発的に毒が入れられるのだから、サンプル検査は無力だ。あなたは、日本国民の食の安全のためにとおっしゃった。中国のメンツを優先して、どうやって食品テロから、国民を護れますか」

彼は、わたしの本職のひとつがテロ対策を含めた危機管理であることをよく知っていることもあり、「それはそうだ。あれはテロだからね。元を絶ってもらうしかない」と応えた。

そして「だからこそ、北京オリンピックが終わるのを待たずに、中国へ行くんじゃないか。評価しなさいよ。評価してくれよ」と続けた。

「ちょっと待ってください。そもそもなぜ、日本の外務大臣が中国へ行かねばならないんですか。中国製の毒ギョウザが日本国民を傷つけたのだから、中国の外務大臣が日本に来るべきでしょう」

「いや、それはね、こちらから北京に出向けば、楊潔篪《ようけつち》（中国外相）だけじゃなくて、戴秉国《たいへいこく》（外交担当の国務委員）も会ってくれる。日本に二人、呼ぶわけにもいかないからね」

わたしは「あなたには釈迦に説法で、僭越だけど」と前置きして、こう言った。へりくだったのではない。相手は、名だたる外交官だ。

「中国は外務大臣が外交部門の責任者じゃなくて、そのうえに外交担当の国務委員がいる。よく言えば、中国オリジナルの制度だけど、世界の常識からいえば訳が分からない。これじゃ中国とは外相会談をやっても、それでケリがついているのかどうか分からない。その独特の制度に合わせすぎるのはおかしいでしょう」

「青山さん、あなたは土下座外交という言葉は使わない。しかし、いま暗に、これじゃ属国外交だよと言っているね」

「自分の国の外交を、簡単に土下座と言ってしまう精神のあり方はおかしいし、外交は外交官がやるんで、それを批判してればいいという考え方も、国民主権とは違うから、確かに、ぼくは土下座外交という言葉は決して使いません。しかしね、日本がこのまま行けば、中国の属国になるとは深く心配していますよ。あなたも、本心ではいかがですか」

「本心……あんたは、面白いことを言うね。本心、わたしはいつもは本心じゃないのか」

わたしは思わず、軽く噴き出した。

「いつも本心ですか？　ご自分で、そう思いますか？　本心を伏せあって、探りあって、それがお仕事でしょう」

外交の現場は当然、本心をぶつけ合う場ではない。そんな楽な仕事ではない。

「このまま行けば、日本国は中国の属国だ。北京オリンピックの勢いを見ても、そうだ。それがあなたの本心でしょう。申し訳ない、勝手にあなたの心中を忖度《そんたく》していますが。毒ギョウザ事件のほんとうの解決を急ぐための日中外相協議であれば、中国の外相を呼ぶべきです」

彼は「意見は分かった。しかし無理だ」と即座に早口で答えた。

わたしは彼が最後に本音を言ったことに感謝して、電話を切った。そのとおり、本来の対等な外交関係からすれば、中国の楊外相が来日すべきだろう、しかし現実の日中関係では無理なんだ、その本音を、彼は最後の早口に込めていた。

第9節　「親日」の戦略に易々と乗る人々

さて、そうやって高村正彦外相（当時）はオリンピックで沸く北京に、二〇〇八年八月一六日に入った。

まず楊外相との会談で、毒ギョウザ事件について日中の捜査協力を強化することで一致した。

そして高村外相が戴国務委員と会うと、国務委員は「北京オリンピックが終わったあと、中国の外交はどうあればいいとお考えですか。何かアドバイスはありますか」と聞いた。

これは実に異例なことだ。

さっそくに評論家や学者が「北京オリンピックは、やっぱり中国の民主化につながる。その証拠だ。中国の開国だ」と高く評価している。

まさしく中国共産党のしたたかな戦略に、分かりやすいお手本のように乗っかっている論評である。

『中華思想による外交の国が、この日本にアドバイスを求めるなんて』と感激させることで、北京オリンピックで中国が民主化される、明るい国になる、もっと外資が投資して良い国だと印象づけようとしている。

それが、オリンピック最中の日中会談での、中国の戦略だった。

日本側でそれに易々と乗る人々が、官民ともに沢山いるから、中国も戦略が生きるし、日本に対してはいつも戦略が立てやすいのだ。

北京オリンピックのあと、日本では中国の戦略にこうやって乗っかる立場が、ますます主流派になるだろう。

オリンピックの偽装ぶりにみんながびっくりした記憶が次第に薄れるのを利用して、「北京オリンピックは大成功だった。やはり日本は中国の味方でいた方がいい」という圧倒的な空気が、日本の国会議員、官僚、企業家、そして学者・研究者によってつくられていくだろう。

高村さんは、日中議連の会長で親中派とされている。しかしご本人はわたしには「日本の政界には、親中派、親台派、そして日本派がいる。わたしはその日本派だ」と話している。

国務委員の問いに「オリンピックを契機により開かれた国になることを期待する」と応え、一定の気概を示してみせた。

しかし、それを言うためには高村さんも発言の前段で「オリンピック開催中のいま、中国が開かれた国に向けた努力を行っていることを評価する」とまずは強調せねばならなかったから、中国の戦略に乗っていることには変わりない。

高村さんは、楊外相に対して「中国とダライ・ラマ法王との対話の進捗について日本は関心がある」と述べて、「日本派」としての気概をみせようとした。

だが、このときには楊外相は決して譲らず、「ダライ・ラマの側が分裂活動、暴力行為などを停止すれば、次の協議のための条件作りになる」と強い語調で返答した。

ダライ・ラマ法王は、むしろ非暴力主義だ。だからチベット青年会議のように実力、武力を用いてでもチベット独立を達成しようとするチベット人から、このごろかなり強く批判されている。

中国もそれをよく知りつつ、そのダライ・ラマ法王を相も変わらず「暴力的な扇動者」として扱う姿勢を、高村さんに強調したのだ。

つまり世界的に有名でノーベル平和賞も受賞しているダライ・ラマ法王だからこそ、それを全面的に屈服させて、独立運動に大打撃を与えようとする姿勢を、日本の外相が何を言おうとまったく変えず、その問いかけを一蹴した。

さらに、中国政府は、日中の外務官僚による事前のすり合わせで、高村外相が、楊外相よりも高位の戴秉国・国務委員との会談でチベット問題に触れることは、決して許さなかった。

第10節 「何も、協議はなかったよ」

さて、肝心の毒ギョウザ事件だ。

わたしが外務省幹部に電話で述べたように、中国は姿勢を変えた。

中国から輸入した冷凍ギョウザに農薬のメタミドホスが付着していて、それを食べた日本の家族が重篤な中毒を起こしたことが、二〇〇八年の一月末に分かった。

特に五歳の女の子は死に直面し、小さな体と心が生死をさ迷う苦しみを味わい続けたあげくに、ようやくに生命はつないだが、心身ともに長く回復しなかった。

これは、北京を取り囲む河北省にある「天洋食品」が製造し、日本へ輸出した冷凍ギョウザだ。しかし中国は、日本で毒が入れられたのだという姿勢をとっていた。

それを「実は中国国内でも毒の被害が出た」と日本側に伝えてきた。日本からの逆輸入はないのだから、毒はやっぱり中国で入れられたということになる。

それを受けて、日中の外相が「捜査協力の強化」で正式に北京で合意したのだから、日本の捜査当局も当然、高村外相の訪中に賛成していたのだろうと、わたしは考えた。

警察庁と外務省もよくすり合わせて、捜査協力の進展をうたったのだろうと、これも当然、そう推測した。

そのうえで、わたしは日本の捜査当局に確かめたいことがあった。

ひとつには、日本の警察は、毒ギョウザ事件をめぐって中国の公安（警察）に強い不信感を持っている。

日本の警察は、二〇〇八年二月、まったく客観的にフェアに科学鑑定をおこない、毒ギョウザの毒は日本で入れられた可能性は実質的にない、それを確かめて公表した。

ところが、中国公安省は同じ二月、「日本で毒が入れられたようだ」と示唆する一方的な記者会見をおこなった。

根拠は、「いや、ギョウザの入ったビニール袋の上から農薬が沁みるかもしれない」という、あまりに乱暴な、無茶な言い分だった。

毒ギョウザのニラに付着していた農薬のメタミドホスは、その残留農薬基準の実に六万倍の濃さだ。つまり原液をドボドボと垂らしたりしない限り、こんな濃さにはならない。

そもそもビニール袋から沁み通るわけがないが、万一、わずかになら沁み通ることがあり得ると仮定しても、こんな濃度には絶対にならない。

しかもメタミドホスは、日本では使われていない、使用禁止の農薬だ。試験用に研究所で使われている例はなくはないが、純度が高い。日本の家庭で被害を出した毒ギョウザのニラから検出されたメタミドホスは、純度の低い、安価な粗悪品だった。つまり中国の農村で日常的に広く使われてきたタイプのメタミドホスそのものなのだ。

中国の公安は「犯人が中国で入手して、日本に持ち帰って使ったことが充分にあり得る」という趣旨を主張した。

しかし、ビニールの外袋にどんな小さな穴もなく、いったん開封したような形跡も一切ない冷凍ギョウザからも、高濃度の毒が検出されている。

そのビニール袋は、前述のように濃度の濃い毒液を沁み通してしまうことはあり得ないのだから、ぐるっと回って元へ戻って、つまりは中国の公安の言い分は真っ赤な嘘であることが、公正な観点からあまりに明らかだ。

捜査当局者はわたしに電話で「中国の警察は、客観的事実が大切なのじゃなくて、政治的判断とか、共産党の上のほうの判断とか、そっちの方がはるかに大事なんだと、あらためて深く実感したよ」と語り、「こんな警察と一緒に捜査なんかやれないね」と言った。

それなのに「日中の捜査協力を強化」で合意したからには、中国の公安が何らかの新しい誠意をみせたはずだ。

それは、どんなことなのか。そして警察の目線だけではなく、国民の視点からしても信ずるに足ることなのか。

それを確認する必要があった。

そして、これからどんな具体的な捜査協力を進めるのか、それも確かめたい。

毒ギョウザ事件を通じて、わたしたち日本国民に広く分かったことは、中国の覇道は、警察の事件捜査にまで貫徹されていることだ。

覇道は、たとえば英語にはない言葉だ。これを本書のために英訳するとき、わたしは覇道をRULES OF TRICKERYと訳して、英文タイトルを完成させた。

TRICKERYは策略という意味合いだ。厳しい訳だと「ペテン」である。

「策略やペテンに基づく行動原則」、すなわち覇道を、あくまで事実を追究するはずの警察捜査にまで貫徹しているのが中国だ。

王道、わたしなりの英訳ではRULES OF RIGHT、「公正さに基づく行動原理」によって捜査するはずの日本の捜査機関と、折り合う点は具体的にあるのか。

それも聞きたかった。

そして前述の捜査当局者よりも地位が高い、捜査幹部に電話した。

外務省や首相官邸との協議などについて彼が知らないことはあり得ない、高級幹部だ。

その幹部がさらりと明かす事実に、わたしは一驚した。

「いや、青山さん、外務省とも首相官邸とも一切、何も、協議はなかったよ。協議どころか連絡も何もない」

わたしは聞き返した、こころから驚きながら。

「だって、日中の捜査協力の強化で一致したって、正式に発表したじゃないですか。それなのに警察が知らないいんですか。そんなことがあり得ますか」

「わたしも、そう思いますよ。あり得ないはずですね。しかし、その日中の捜査協力の強化で一致という話を、テレビニュースで知ったんです。報道で初めて聞きました」

「いや、もう一回聞きますが、そもそも高村外相の訪中自体、事前に相談はなかったんですか」

「ありません」

捜査幹部は、静かな口調で、しかし決然と言い切った。

第11節　「首相官邸も外務省も信用していません」

わたしは日本の警察のすべてを、まさか信じてはいない。

たとえば最近でも鹿児島県警が暴走した。「志布志《しぶし》事件」と呼ばれている。

鹿児島県議選で、志布志という小さな集落の住民らが買収に応じたと警察が決めつけて、嘘の自白を強要し、果ては、取り調べで「おまえの孫からのメッセージだ」と称して『早く正直なじいちゃんになって』と書かれた紙を床に置き、椅子に座らせた住民の両脚を警部補が握って、無理に紙を踏み付けさせるという「踏み字」事件まで引き起こした。

裁判ですべて無罪判決が出て、「踏み字」の警部補は、福岡高検によって特別公務員暴行陵虐罪で起訴された。

あるいは北京オリンピックの聖火リレーが長野にやってきたとき、日本国民よりも、巨大な五星紅旗を振り回して長野市を不法占拠するような挙に出た中国人たちを、むしろ保護し、全国からチベット支援のために集まってきた志のある若い国民から、リレーを見ようと楽しみにしていた高齢の市民までを日本の警察が排除するという、「長野事件」と呼ぶべき愚を犯した。

警察のように強力な権力を持つ政府機関については、常に監視が必要不可欠だ。

しかし、この電話の相手の捜査幹部は、その清潔さ、志の高さ、正直さ、私利私欲を決して求めない人柄を、基本的には信頼している。

わたしと独研（独立総合研究所）は警察庁と、テロ対策の実務において連携している。ほとんどが無償の連携だ。利益を生むことはない。

たとえば二〇〇八年夏の洞爺湖サミットでは、水中の警備がないことをわたしと独研が指摘し、なかなか考えを変えない警察庁や警視庁を懸命に説得し、ようやく日本初の水中警備として、独研と東大生産技研が連携し開発した水中ソナーを、洞爺湖や、北海道の内浦湾、そして首都の羽田空港沖などに設置した。

拉致被害者の多くは、水中から日本の海岸に接近した北朝鮮の工作員に誘拐されている。それなのに、日本はその教訓をほとんど活かしていなかった。

世界はとっくに、水中警備を重視する時代に入っている。北京のまえのアテネ・オリンピックでも水中ソナーが大量に配備された。

この洞爺湖サミットの水中ソナー導入も、基本的に無償ベースで警察庁や警視庁と連携した。しかも抽象論ではなく生きた実務での連携だから、互いの人柄を眼を曇らせずに見ることになる。

こうした仕事での触れあいから、わたしは、この電話の捜査幹部の魂を信頼している。

ひとことで言えば、嘘は決して言わないひとだ。立場上の秘密を言えない時には「言えません」と明快だ。しかし、どんな小さな嘘も作らない。「言えない」と述べるだけだ。

この日本昔話に出てくるような正直者の言うことだから、、毒ギョウザ事件をめぐって日中の捜査協力を強化することがメインテーマの外相訪中でありながら、捜査当局になんらの相談も協議もなかったということも、事実と考えるほかない。

わたしは捜査幹部に言った。

「それじゃ、中国と変わりないじゃないですか」

捜査幹部はやはり淡々と、「そうなりますね」と応えた。

中国の公安は、中国共産党や独裁者たちの意思のままに動く。

客観的なフェアな事実の解明のためにみずから動くことは、仮にあっても、それが共産党や独裁者たちの意に沿わないことが分かれば、直ちにストップする。

逆に事実が何もなくとも、共産党や独裁者たちが「これを事実にしろ」と命ずれば、事実にする。

わたしが勝手に言っているのではない。たとえばアメリカのＦＢＩ（連邦捜査局）の、むしろ中国好きの幹部も「中国では、警察の意味が違う。捜査機関じゃない。あくまでも人民のコントロール機関だ」とわたしに語ったことがある。

日本の警察も、そう政治権力に対して強いわけではない。警察が権力に弱いからこそ、検察庁に特別捜査部、いわゆる特捜があり、巨悪、すなわち大物政治家らを捜査することが期待されているのだ。

しかし警察が権力に弱いと言っても、それは程度問題である。

ありのままにみて、日本の警察、特に中央の警察庁と警視庁は、世界の民主国家の警察のレベルと比べて、その清潔さも客観性も低いレベルとは言えない。

しかし、その警察庁も警視庁もなんら関与できないまま、毒ギョウザ事件捜査での日中の捜査協力の拡大が勝手に決められるのでは、日本警察のレベルが、独裁国家・中国の警察のレベルまで、一気に引きずり下げられることを意味しかねない。

わたしは携帯電話を握り直して、聞いた。

「高村外相が訪中するまえには、何の協議もなかったという異常な話は分かりました。では、訪中のあと、つまり日中の捜査協力の強化が決まって、公表されたあとは、いくら何でも連絡はあったでしょう」

捜査幹部は、やはり静かに言った。

「いや、まったくありません。事後も、今のところ（高村さんが訪中を終えて帰国し、充分な時間が過ぎていた時点）、外務省からも首相官邸からも何の音沙汰もないですよ。ついでに言えば、中国の公安省からも何も連絡がありません」

「それじゃ、中国との捜査協力と言っても、簡単に乗るわけにはいきませんね」

捜査幹部は即座に「その通りです」と言ったあと、たぶんわたしが長く忘れないだろう言葉を、きっぱりと言った。

「青山さん。われわれは政治や外交の思惑とは関係なく、この（毒ギョウザ）事件は、証拠主義でどこまでもきちんとやろうと思っています。わたしは、首相官邸も外務省も信用していません」

この捜査幹部は、いずれ捜査の現場を離れて、警察庁長官か警視総監、すなわち警察一家のトップに必ず登り詰めると言われているひとである。

それは、首相や他省庁の思惑も、本来は気にしていかねばならない立場であることも意味する。その人物が、「首相官邸も外務省も信用していません」と、さらり言い切った。

第12節　誤魔化される食品テロ事件

その背後にある、重大ないきさつを思い出さないわけにはいかない。

毒ギョウザ事件は実は、高村外務大臣がわざわざオリンピック期間中に北京に行かずとも、最初は日中の緊密な協力で捜査が始まっていた。

二〇〇八年一月末に、毒による被害が分かった時点から、日本警察は、中国との捜査協力が大事と判断して、警察庁のエースを中国に送り込んで捜査協力を綿密におこなった。

中国の警察が警察ではなく、共産党の人民コントロール機関である性質は、重々、承知の上である。

当時、捜査幹部は「われわれも、青山さんがテレビの報道番組で言ったように、これを食品テロと判断しました。テロなら繰り返される。二度と日本国民の命を危険にさらさないためには、あえて中国の公安と積極協力をやりますよ」と語っていた。

その結果、中国が複数（四人から六人程度）の容疑者の身柄を拘束したという情報が、もたらされた。

以下は、非公式な情報であるが、具体的にはこうだ。

容疑者は全員、天洋食品から解雇された従業員である。共通しているのは、農民の出身で、農家で仕事ができなくなった漢人たちだ。つまり、農業だけでは食えないので、天洋食品の従業員になって自分と家族を養おうとしたという点で共通している。

容疑者のなかには、比較的に若い女性もいる。

なんらかの理由で解雇通告を受けて、実際に退社するまでの間に、冷凍ギョウザの製造工程の最後、すなわち完成した冷凍ギョウザを袋に詰める段階で、農薬を混入させた疑いが強い。

その農薬というのは、それぞれの実家の農家で、農業の衰退とともに放置されていた農薬だった。だから、粗悪な農薬なのだ。安い農薬を中国の農家が買って、それをジャブジャブ使って農業をやろうとしたら、農業そのものが成り立たなくなった。そうして崩壊した農村から都市の天洋食品に出稼ぎに来ていた。

個人の犯罪ではない。グループ化した犯人たちが、それぞれの実家の物置の隅とかに積んであった農薬を持ち寄って、いざとなったらその農薬を使おうということで用意していた可能性が高い。

いずれも解雇されたことに不満を持っていた。前述したように、製造工程の一番最後、ギョウザが作られて、冷凍されて、ベルトで運ばれて、袋に入る、その寸前という特定の工程だから、またそこに関与した従業員で、しかも解雇通告を受けて実際に退社した人間だから、絞りやすく、どんどん容疑者を逮捕した。

だから、ほんとうに真犯人かどうかは全く不明だが、いずれにしろ中国の現地の警察が、そのように元従業員を逮捕したという情報があり、日本の警察庁は、これで事態は解決に向かうと思っていた。これが二〇〇八年の二月半ばすぎのことだ。

すると突然、二月二八日に中国公安省、すなわち現地の警察ではなく、日本で言えば警察庁にあたる中央の警察機構が記者会見をして、これは中国で入れられた可能性はないと言明した。つまり「日本で入れられた」ということを実質上、主張した。

しかも驚いたことに、袋の上から染みた、などと言っている。科学鑑定をしているわけだから、そんなことはあり得ない。

いったい中国はどうなったんだ、さっきまで容疑者を逮捕したようだったのに、警察の上方組織の公安省が、突如として「いや日本で入れたらしい」という無茶な話をしている。

それで警察庁の幹部たちが首をひねりつつ怒っていたら突然、今度は日本国の宰相である福田さんが記者団に向かって、「中国は非常に前向きだ」と発言した。

さすがに問題になったが、福田首相は取り消さない。言い直しもしない。そのとき、国民の健康を預かっているはずの厚生労働大臣の舛添さんも、その他の閣僚も、何も発言しなかった。

警察庁の吉村博人長官（当時）だけが怒りの会見をした。日本で入れられるなんてことはあり得ないという会見をやって、首相の福田さんに怒りを叩きつける形になった。

警察庁長官が総理の言葉を覆すというのは、未曾有の事態だ。それだけ警察は自分たちの客観的な捜査に確信を持っていたし、事実、フェアな捜査をしている。

日本に犯人がいないと決めつけていない。きちんと全部を捜査し、科学鑑定をし、公表すべきは公表している。

しかし、政治によって事実関係がゆがめられ、かつ日本国民の命は危険にさらされ、重大な食品テロ事件が誤魔化されることに、日本警察はまっとうにして重大な危機感を抱いた。

第13節　警察庁は完全に孤立した

中国の公安省が二〇〇八年二月の末に「毒ギョウザの毒は日本で入れられた」という趣旨の呆れた主張をしたあと、毒ギョウザ事件はぴたりと動きがなくなった。

本書の初版が出版される二〇〇九年夏に至っても、同じである。

そして日本のマスメディアの悪い癖として、報道もほとんどなくなった。

日本国民は、われわれの命をないがしろにしているのかと思いつつ、スーパーで食品の原産地を確かめたり、自衛をするほかなかった。

日本の警察も、何もしなかったのか？

いや、ほんとうは、半年のあいだ、警察庁だけが中国に対して交渉を続けていた。

「こんないい加減な話で終わるはずはない」と中国公安省にぶつけていたのだが、外務省も首相官邸もまったく動いていなかったから、警察庁は完全に孤立しつつ動かねばならなかった。

外務省から漏れてくるのは「総理が、もうこれでいいと言っているような感じだから、これ以上やることはない。中国も、今後は気を付けてくれるだろうから」という反応だったという。

警察庁は、この姿勢そのものに、すでに怒りを覚え、不信感もそこから出発していた。

捜査幹部はわたしに言った。

「感情で怒ってるわけじゃないし、理由もなく不信感を持つのでもない。今後は中国が気を付けるっていってもね、防ぎようがないからですよ」

わたしは、このときは電話でなく、テーブルの上のコーヒーの匂いをかぎながら、向かいあっている捜査幹部に言った。

「防ぎようがない……ああ、分かりますよ。今までも中国は、実は気をつけていたからですよね」

捜査幹部は頷いて、コーヒーカップを口に運んだ。

わたしは彼の眼をみながら続けた。

「毒ギョウザ事件の発覚のあと、中国政府は胸を張って、天洋食品は衛生状態が一番いい工場だと言ったけど、これは事実ですね。逆に、衛生状態の悪い工場から出た食品で問題が起きたのだったら、まだ問題の根は、はるかに浅い。それは衛生状態を良くすればいいだけのことだから」

捜査幹部は、頷いて、コーヒーではなく氷水をぐいと飲んだ。これが警察官かと思うような穏やかな表情のこのひとは、腕を動かすときだけ、びっくりするほど早く、鋭く動かす。コップも瞬時に掴んで、ほとんど瞬時に戻す。

わたしは言葉を続けた。

「天洋食品の場合は、日本のJTの子会社のJTフーズが、日本の消費者の安全を考えて、徹底的にお金も入れて、天洋食品の工場環境を良くしていた。つまり日本の努力ですね。しかし、その天洋食品であっても、JTが関われないことがある。それは人の使い方ですね。天洋食品だけじゃなく、中国の工場は今どこも、工賃が高くなるのを防ぎたい。従業員に長く勤められたら給料も上がるから、どんどんクビにして、新しい従業員ばかりにする。農村から溢れた若い人が山ほどいるから使い捨てで、雇っては切り、切っては雇いしている。そんなことまでJTフーズが関われるわけがない。そこまで日本が管理するのなら日本の工場になってしまいますから」

捜査幹部は、穏やかながら、どこか厳しい表情で耳を傾けている。じっと考えながら、聞いている様子でもある。

「だから衛生状態はいいけれども、中国の社会矛盾そのものが変わらない以上、この労働者の情況は変わりようがない。中国の工場で、もし工賃が上がっていったら、日本人が食べる食べ物を中国で作る理由がなくなる。ということは、日本が、中国を工場代わりに使って、日本人の口に入るものまで作りたいというならば、中国は、ずっと人件費は低いままにしなくてはいけませんね。従業員を、かつての日本のように終身雇用して、給料が段々と上がっていく仕組みにできるわけがない。もう使い捨てで、どんどんクビにしていって、工賃が上がるのを防ぐしかない。

これは日中のいびつな関係そのものです。衛生状態にもっと気を付けてくれたら事件が起きないのではなくて、逆に衛生状態が良い、つまり日本人の口に入れることができるものを作るために衛生にお金をかけるなら、余計に人件費は下げなくてはいけないということにもなる。

だから中国の社会矛盾と、日中のこの関係が変わらない以上は、食品テロは必ずまた起きる。今回の毒ギョウザ事件の真相をきちんと解明して、容疑者の動機をフェアに把握することで、その背後にどんな社会矛盾があるかもあぶり出して、その社会矛盾自体の解消に向けて役立てる、それがどうしても必要です」

捜査幹部は「同じ意見です」と短く、強く応えた。

第14節　何もしなかった福田首相

警察庁は「このままでは済まない」と、ずっと中国側に水面下で働き続けていたが、日本政府のなかで孤立していた。

しかし、その政府のなかでただ一人、町村信孝官房長官（当時）だけが、警察庁の動きに理解を示していたという。

町村さんは、外交に自負がある。ただし、いつも正しい外交をするわけではない。日本が中学生の学習指導要領に、竹島の問題を盛り込んだとき、官房長官の定例記者会見で「韓国に配慮した」と言ってしまった。

一国の教育に、他国の思惑を取り入れたことを政府のスポークスマンが明かす。主権国家としてあり得ないことをやってしまった。

しかし一方で、中国に対しては昔から比較的に厳しい。だから、福田さんは外務大臣にしないで官房長官にした。

警察の複数の関係者によれば、かろうじて町村官房長官がいたから、警察庁と首相官邸と何とかパイプが繋がって、福田首相（当時）の意思やそれを汲んだ外務省と食い違っていても警察庁は中国側と交渉をずっと続けることができた。

中国の側も、胡錦濤国家主席、温家宝首相のラインは、見かけ上は日本と仲良くしている路線、すなわち親日を演出することで日本を利用する路線をとっている。

それは、江沢民時代の反日路線が、中国にとって都合の良い結果を結局は何一つ生まなかったからだ。

胡錦濤政権も、途中までは江沢民路線を引きずって、二〇〇五年四月には反日暴動もやってみた。ひとつの背景は、その頃はまだ胡錦濤主席が江沢民・前主席の影響力を排除する闘争が完遂されていなくて、軍部を中心に江沢民さんの力がまだ残っていたからだった。

しかし反日暴動で、世界から非難されたのは自分たち中国だった。あわせて今後の日中の経済関係を考えても、日本の企業は、中国から引き揚げる傾向を強めつつある。

第一に、中国の人件費が急速に上がりつつある。しかも地区の共産党委員会が好き勝手にルールを変える。

「工場を中国から引き揚げて、むしろ日本に置き、ロボット化した方が良い」という考え方も日本企業のなかに現れてきた。その言い出しっぺのようなキヤノンの御手洗会長が、日本経団連の会長になったことにも、中国は注目した。

前任の会長だった、トヨタの奥田さんは、とにかく中国に工場を置くという親中派の経済人だった。それが、反中とまではいかないが非中派の御手洗さんに代わり、しかもこれまでなら日本経団連の会長にはとてもなれない規模のキヤノンの会長でありながら、従来の壁を突破する形で就任した。

このことに中国はしっかり、危機感を持った。それも踏まえて胡錦濤政権は、いわば仮面の親日主義を採用し、それが次第に加速度がついて、中国の政府権力の各部に浸透していったから、毒ギョウザ事件の意味も、中国はやがて理解した。

ほんとうは中国では、あの程度の中毒事件は全然、問題にならない。いちいち問題にしていたら、政府がいくつあっても足りない。

毒ギョウザ事件が発覚して二か月ほど経った、二〇〇八年三月の終わりに、中国に駐在経験の豊富な日本の現役の外交官が、わたしにこう言った。

「水でも食べ物でも、たくさんの人民が中毒でのたうち回り、多くが亡くなっている。天安門事件（一九八九年）の時に鄧小平が『中国は人が多いんだから天安門でも少し死んだ方がいいんだ』という趣旨の発言を平然とした通り、高級食材を買えない庶民は、死んだって、それがどうした、というところが現在の中国にある。日本で、たった数家族が被害を受けただけで、死者も出ていないのに、そんなに国民全体が怒るのは、中国は理解できませんよ」

この外交官は、チャイナ・スクールに属している。

チャイナ・スクールとは、外務省にキャリア組官僚として入省してから、国費で中国に留学し中国語研修を受けた外交官たちを指す。一般的には、中国の言いなりという批判を受けているが、なかには中国に非常に厳しい批判を抱き、それを押し隠すように生きてきて、時に火を噴くように激しい中国批判を、信頼する誰かにぶちまける人もいる。

チャイナ・スクールの外交官は、どんな外交官よりも中国の現実にぶつかる機会が多いからだ。元もと良心的な人柄のひとは、そういった機会に遭遇するごとに内心で苦しむ。

ただ、そういう機会をさらりと流し、中国の力にまさしく寄り添うように処世していくチャイナ・スクールのほうが圧倒的に数としては多数派だ。

中国は、情報をちゃんと活かす国家でもある。

日本に配置している工作員たちから、日本はたった数家族であっても、五歳の女の子が苦しんだりしたことに対して国民全体が怒る国だと理解した。

これはやっぱり毒ギョウザ問題をこのままにしておくわけにはいかないと胡錦濤主席をはじめ指導部が考え始めた時に起きたのが、中国国内での中毒事件だった。

「外交の福田」を自称した福田康夫首相（当時）が政権浮揚を賭けていた洞爺湖サミット、それが始まった二〇〇八年の七夕、七月七日の深夜に、北京にある日本大使館を中国の高官が訪れた。

一般的な高官ではない。胡錦濤主席の密命を帯びてやってきてもおかしくないほど、地位も権力もある高官であった。

事前に、日本大使館には極秘に「毒ギョウザ事件で話したいことがある」という意味の予告がもたらされていた。

そこで、この高官を迎えた奥まった一室には、宮本雄二・駐中国大使だけではなく、警察庁から出向している一等書記官も同席していた。

高官は、胡錦濤主席の意を汲んでの来訪であることを強く匂わせたあと、二〇〇八年六月に、天洋食品が製造した冷凍ギョウザによって中国人の家庭でも中毒事件が起きたことを明かした。

そして高官は「このため中国も捜査を再開している。今後は、日中の捜査協力も必要になるのではないかと思う。これはあくまで捜査上の秘密としてお話しした。捜査を適切に進行させるためにも、絶対の極秘事項として扱っていただきたい」と述べた。

宮本大使は、翌日の未明にかけて、外務省の本省へ極秘の公電を打電した。それを読んだ高村正彦外相は、首相官邸にも届け、朝になってから福田首相の手にも渡った。

高村さんは、公電を届けるとともに「『捜査上の秘密』であるから伏せておくべき」という意見を添えた。

このとき中国の高官は、さほど詳しい経緯は話さなかった。

したがって中国の中毒事件の全容は、なかなかはっきりしないが、日本政府の側が推測も含めて考えているのは、以下のようなことだ。

天洋食品は、日本で中毒事件を起こしたロット、つまり、汚染されたギョウザが製造された時と同じ工程でつくられたギョウザは、すべて廃棄処分にすることを決め、その作業をおこなった。

ところが廃棄の作業を担当した従業員のなかで、複数の従業員がこのギョウザを自分の家に持って帰った。

持って帰って、家族とおいしく食べてしまった従業員もあれば、他人に安価で売りさばいた従業員もいる。したがって、ごく一部の冷凍ギョウザがこっそり持ち帰られたのではなく、相当な量であった。

これは、中国人労働者のモラルがこのレベルであるとも言えるし、生活苦から家族においしいものを食べさせてやりたかったとも言えるし、その庶民の生活苦を利用してすこしでもカネを儲けようとした労働者もいるとも言える。

いずれも現代中国の実態そのものである。

公電によって新事実を知った福田首相は、どうしたか。ただの聞きっぱなしにした。

警察としては、洞爺湖サミットですぐに日中首脳会談が行われるわけだから、その時に福田首相に持ち出して欲しかった。

けれども福田さんは、ムニャムニャ言って何もしなかった。

第15節　「これは、日本国民の関心がとても高いんですよ」

そのまま日が過ぎていったが、警察としては、次の機会は八月八日の北京オリンピックの開会式の時の日中首脳会談しかない。その先にいつ、日中の首脳が相まみえるかは、何も決まっていない。大使館を訪れた中国の高官が、胡錦濤主席の意思として、この情報をあえて伝達すると強く示唆した以上は、日本の首脳が何も言わない、何もしないままだと中国に対して「日本はもはや、この事件を重視していない。中国でよろしく勝手に処理してくれ、と思っている」というコミュニケーション・ギャップを起こすことにもなる。

そこで警察は、北京オリンピックの開会式が最後の機会だという判断をして、それを町村官房長官にも秘かに伝えた。

北京オリンピックの開会式が二日後に迫った八月六日の朝、新聞一紙だけに「中国でも毒ギョウザで中毒」「中国国内で毒が混入された可能性が高まる」というスクープ記事が出て、一面トップを飾った。

わたしは捜査幹部に電話をした。

捜査幹部は「警察からのリークじゃない」と明言し、さらに「官邸から漏れた」と話した。

この捜査幹部は、小さな嘘もつかないひとである。町村官房長官が漏らしたと言うことではない。

しかし同じ首相官邸の中で、福田首相は実質的に毒ギョウザ事件を眠らせていこうとしているのに対して、首相の女房役のはずの官房長官が「毒ギョウザ事件は国民の食の安全に関わることだ。これをうやむやにすると政権自体がもたない」という、まったく違う意識を持ち、「総理、あなたは八月八日の日中首脳会談では、厳しい言い方ではなくていいから、毒ギョウザ事件についても、忘れずに日中の捜査協力を進展させせましょうという話をしてください」という願いを持っていた。

そのなかで官邸からのリークが起きた。

新聞一紙のスクープを受けて、日本のマスメディアは大騒ぎになった。最大のポイントのひとつは「日本政府は、一か月以上も隠していたのか」ということだった。

この翌日の夜、わたしは東京都内でひらかれた「神戸市のつどい」というパーティに出ていた。神戸生まれで東京にいるひとびとを、神戸市長が招いて懇談するつどいだ。

雑踏のようなパーティ会場にいると、外務省の首脳から携帯電話に電話がかかってきた。

「隠した、隠した、と追及されている。特に民主党は、福田政権は国民の命を軽視すると鳩山幹事長がやっている。しかし、これは捜査上の秘密として提供されたものだ。それを明かしてしまったら、日本国は信用されなくなる。わたしが伏せたのは正しい。あんたの意見を聴きたい」

首脳はかなり興奮気味だった。

わたしは神戸市の幹部や、神戸ゆかりのかたがたが次々に声を掛けてこられるのに頭を下げながら応えた。「確かに、捜査上の秘密だからと中国側に言われると、ふつうの外交マナーからすると、伏せるべきではないかという考え方も出てくる。しかし、これはまさしく食品テロの事件であり、中国に果たして公正な捜査があるかという懸念もある。中国に、これは日本国民の命にも関わることだから、民主国家として公表しますと断った上で、政府からきちんと公表するべきだったと思います」

首脳と長く、激しい議論になった。ついつい声も大きくなった。わたしは相手の名前を呼ばないように、それを念じながら、ただ論破しようとするのではなく、日本国を世界に代表する一人であるこの首脳が、どうか考えをすこし変えて欲しいと本気で願い、懸命に声を枯らした。

わたしは外務省首脳に言った。

「官邸筋が、なぜこのタイミングでリークしたか、分かりますか」

「なぜだ。福田政権を倒すつもりか」

「違いますよ。逆です。このまま放っておけば、北京オリンピック開会式での日中首脳会談でも、福田さんは毒ギョウザ事件に触れないかも知れない。そんなことをやると、福田政権はいずれ、国民の食と命をないがしろにしたとして潰れる。総理に確実に、毒ギョウザ事件を持ち出してもらうために、リークしたんです」

これは官邸内部の証言でもあり、捜査幹部の見方も同じだった。

外務省首脳は「そうか……」としばらく黙し、しかし話はまた「伏せていたのは正しい」という主張に戻った。

ようやく電話が終わると、もうパーティは終わりだった。パーティ会場を出ようとすると、神戸市の幹部が苦笑しながら「青山さん、きょうはお電話のつどいでしたね」と声をかけてきて、わたしは思わず噴き出した。

わたしはその帰途、タクシーの中で『日中首脳会談で、福田さんは予定通り、ちゃんと言うだろうか』と考え、『言うだろう』と考えた。

そして、福田さんがそこにどんな思い、志を込めるのか、それによって後の中国の捜査が変わると考えた。

その翌日の八月八日、福田康夫首相は、北京オリンピックの開会式に出席するため中国に入り、夕方には胡錦濤国家主席と会談した。

福田さんは、毒ギョウザ事件を取りあげた。

取りあげたが、「これは、日本国民の関心がとても高いんですよ。したがって一刻も早く解決するために、一層の努力をお願いしたい」と述べた。

胡主席は余裕たっぷりの笑顔をみせ、「早く解決するように全力を挙げる」と応じた。

この首脳会談のあと、福田首相は同行記者団に満足げな表情で、「（毒ギョウザ事件をめぐって）胡主席は真剣に耳を傾けていたよ。（事件捜査は）進展すると思う」と述べた。

わたしは福田さんの、この一報を聞いたときに怒りが噴き出した。

『国民の関心が高いから早く解決してくれ？　まるで国民がうるさいから、さっさと何かいい解決策を出してくれと言っているのと同じだ。あなたは、あなた自身は、日本国民の食と命をどう考えているのか。こんな話をすれば、中国は、あぁ日本国民が喜びそうな結論さえ出せば事件は円満決着すると誤解する。日本国民は馬鹿じゃないぞ。日本国は、民主国家だ。主人公は国民だけだ。本物の犯人を出してこい。本物の動機も公表しろ。福田さん、あなたは日本国の宰相として、日本国民の命のために公正な捜査を求める、というあったり前のことがなぜ、中国に言えないのか』

そしてわたしはこの思いを、そっくりそのまま、レギュラー参加（出演）している関西テレビの報道番組で述べた。

第16節　仕掛けてきた中国

わたしは深い懸念を抱えて、ふたたび捜査幹部に電話をした。

「このままでは、ウイグル人かチベット人か、それとも法輪功に集まるひとびとか、このどれかに容疑を押しつけて、中国が犯人をでっちあげることだってあるのじゃないですか」

深夜の時間帯だった。日本の中央省庁の幹部は誰も、朝の出勤がとても早い。もう休む時間ではないか、あるいは休んでいたのではないかと心配だったが、捜査幹部はいつものように『さぁ、どうぞ。どんな話でも聞きましょう』という雰囲気だった。

「そうですね。あり得ます」

単なる相づちのニュアンスではない。静かな決意の気配がある。

これから具体的に中国の公安省と共同捜査をやろうという政府機関、捜査機関の代表的な幹部のひとりが、平然とこう答える剛胆さに、わたしは秘かにいくばくかの安心感を覚えた。

わたしは話を続けた。

「法輪功でもなければ、ウイグルでもチベットでもない普通の漢人労働者では、中国の社会矛盾そのものに怒ってやったということになります。それは中国にとって、たいへん都合が悪いでしょう。少数民族や法輪功にすると露骨すぎるということで、もしも漢人労働者を容疑者にするのなら、動機は社会矛盾じゃなくて、その容疑者に精神疾患とか、あるいはごく私的な恨みとか、とにかく個人的な問題とすり替えるかも知れませんね。総じて、客観的で公正な捜査をするよりは、中国共産党と独裁者たちに都合のよいデッチあげをする恐れのほうが、残念ながら強い。そうじゃないでしょうか」

捜査幹部は再び、決然と「そうですね。わたしも、そう思います」と答えた。

「その時に、警察庁としても、手は出せないのではないですか。日本警察が中国の主権下にある国内を自由に捜査するわけにはいかないんだから。とにかく日本人の犯行ではない、それだけでもって、もう良しとするしかないんですか」

「いや、そうならないように、こちらも工夫します。まず日中の捜査協力といっても、簡単には警察官を中国に送りません。簡単に送り出せば、中国に利用されるだけだから」

「はい。今回の捜査協力は、中国側が持ちかけてきたことですからね。中国政府の高官が突然のように、在北京の日本大使館にやってきて、中国国内でも毒ギョウザの被害が出たから、日中で捜査協力をやりたい、と持ちかけてきた。中国でも毒ギョウザの被害が出た、ということが理由になっているけど、それだけで、日中の捜査協力を突然、持ちかけてきたかどうかは分からない。そもそも（二〇〇八年の）二月に、警察庁が捜査官を中国に送って捜査協力を開始していたのに、それを真っ向、裏切る形で、事前に何の協議も相談もなく、中国公安省が、毒は日本で入れられたんだという無茶な会見をやったんですから」

「その通りですね」

「中国の公安をふつうの民主主義国家の警察と同じだと思って行動すると、警察といえども騙されかねませんね」

捜査幹部はきっと、彼らしく、いくぶん笑いを含んで、このわたしの言葉に応えると思った。

しかし、ふだんはユーモア好きのこの捜査幹部は、ごく生まじめに答えた。

「これも、その通りです」

そして言葉を続けた。

「中国が容疑者を拘束したというなら、その供述調書、それから中国で中毒被害が出ているのだから、その被害調書、中国で被害を出した毒ギョウザの科学鑑定も当然やっているはずだから、その鑑定書、そういった書類をすべて、中国公安省からきちんと提供を受けて、そういった公的な捜査資料が一応、すべて、偽造などではなく、本物の客観的な捜査に基づいているという心証を得られなければ、捜査員を中国には派遣しないという方針でいきます。それを決めました」

わたしはこの電話を、大阪のリッツ・カールトンホテルの高層階の角部屋からかけた。

角部屋のおかげで窓が二面、広く開けていて夜空がきれいに広がっていた。部屋のなかは、柔らかな間接照明だけだった。

捜査幹部の言葉は、どこかopen-mindednessという言葉（開かれた偏見のない心、和製英語ではオープンマインド）を思い起こさせた。窓の外の夜空の広さに似ていた。

そして、あくまでも柔らかで静かな話しぶりは彼の人柄を感じさせた。間接照明の穏やかさに似ていた。

わたしが共同通信の京都府警キャップとして事件記者だったとき、こんな警察官には正直、一度もお目にかからなかった。

この人材が例外的にいい人材だ、とも言えるが、わたしは『やはり伝統というものは凄い』と思わないわけにいかない。

かつて明治期の日本は内務省が支えていた。やがて昭和の時代に軍部と結んで負け戦に国民と国家を叩き込んでいく張本人のひとりになったが、明治期の栄光の伝統は消えてはいない。旧内務省に連なる人脈には、ときどき凄みのある、しかし私欲を超えた恬淡さのある人物が現れる。そう多くはないが、現れる。

わたしは電話を切ったあと、ほんのすこし安心し、部屋の光景とともに、いくらかはホッとするような印象がこころに残った。

しかし安心するわけにには、全くいかない。

中国の独裁は、いずれにしても公安省に、胡錦濤国家主席の「仮面の親日路線」に都合のよい事実を作らせる怖れがきわめて強いからだ。

それは日本の首相官邸の主が誰であっても、変わらないだろう。

中国は、いったい誰に、毒ギョウザ事件の「真犯人」であることを押しつけるのか。

二〇〇八年の八月末に、早くもその最初の動きがあらわれた。

「中国でも毒ギョウザの被害が出ていた」という情報を、日本が中国から受けとりながら隠していた、それが暴露されたのが八月六日だ。

そのために高村正彦外相が北京オリンピックの開催中に異例の訪中をして、中国外相と「日中の捜査協力」を約束したのが、八月一七日だ。

そこからわずか一〇日あまりで、もう中国は仕掛けてきた。

第17節　真の動機は中国の巨大な社会矛盾

二〇〇八年八月末に、日本の一部の新聞に、毒ギョウザ事件をめぐって一面トップの記事があらわれた。

一紙だけではなく、通信社の配信も含めて複数の記事である。しかし全部の新聞ではない。すなわち「限られた社がほぼ同時に摑んだ、特ダネ」という形になっている。

その複数の記事は、細部こそ微妙に違うが、たいせつな部分は多く共通している。

だから、次のようにまとめることができる。

「毒ギョウザ事件で中国が臨時工の容疑者を逮捕し、取り調べている。すでに個人的な犯行動機を供述し始めている。これに伴い、中国は日本政府に対し、正式に、毒が入れられたのは日本ではなく中国であることを認めると通告してきた。事件の解決は大きく進展するとみられる」

これは、ふつうに読めば決定的な記事だ。

毒ギョウザ事件もこれで収束か、という印象を与える。

それらの記事が共通して伝えようとしているのは、『天洋食品の正規従業員ではなく臨時工であり、動機も、社会矛盾を背景にしたものよりも、その臨時工ひとりの問題にすぎない個人的なことであり、そして、事件は中国政府の誠実な姿勢によって、まもなく収束するのであり、日中関係に影響を与えない』ということだからだ。

わたしは二〇〇八年八月三一日の日曜日、早朝のニュース討論番組「報道2001」に参加するため、お台場のフジテレビに急いでいた。

テレビ番組に出演するとは、あまり言いたくない。わたしはテレビタレントではないし、なにかを演じているのではないからだ。

テレビ局の玄関に着いたとき、柱の陰に入って、携帯電話を取り出した。

この日の番組では、高村正彦外相らと、ロシアのグルジア侵攻やアフガニスタンで日本のNGOメンバーが殺された事件などについて議論する予定になっていたが、毒ギョウザ事件も取りあげられる可能性があった。

日曜の早朝に電話をかけるのは、つらかった。

日本の官僚は、弛緩している人ばかりがメディアには登場する。しかし、黙って働いているひとのなかには、週末の早朝には武術の道場に通って、ひそかに身体を鍛えているひともいるし、そうでないひとは家族と貴重な時間を過ごしているし、疲れ果てているひとはやっとこさ寝る時間を確保して泥のように眠っている。

しかし、この朝はどうでも電話せねばならなかった。毒ギョウザ事件を収束へ向けて決定づけるような複数の記事は、前述したようにいずれも特ダネの形をとっている。内容は、新聞や通信社によって微妙に違うが、共通している重要部分も多く、これら特ダネの情報源は同じであることを、うかがわせた。

ほんとうにフェアな事実が浮かんできたための記事なのか、それとも特定のソース（情報源）が日本の世論工作として仕掛けた結果としての記事なのか、その方向を探らねば、視聴者と国民に向けて責任のある発言はできない。


まず捜査幹部のひとりに電話した。

「記事には、日本政府へ中国政府から正式に通告があった、という表現もあります。それがほんとうなら、中国が臨時工を逮捕した事実も警察庁に伝えられているはずです。連絡は来ましたか」

早朝の電話を嫌がる気配もなく、捜査幹部は「いや、まったくありません」と即、さらりと答えた。

口調はいつものようにさらりとしているが、どこかに強い意思を含んでいる。屈しない、という意思のようにも感じた。

わたしは、すこし驚いた。日本を代表すると自認する新聞をはじめ、あれほど断定的に報じている以上は、いくら何でも警察庁にもちゃんと連絡のあった事実じゃないか、と無意識に思っていたからだ。

「それは不可思議な話です。にわかに信じがたい話です」

「青山さん、あの複数の記事は、情報源が一つらしいということが分かっています。それも日本国内の情報源ではないようです。中国の現地の情報源です」

捜査当局は、すでに記事が掲載された経緯を調べていた。

「正社員ではなく臨時工が、ごく個人的な動機でたまたまやった事件だと印象づけるために、中国の情報源が意図を持って流したということですか」

「そう考えています。謀略情報です」

わたしは、この言葉遣いにふだん慎重な捜査幹部が「謀略情報」という、いわば激しい言葉を使ったことに、またすこし驚いた。

「謀略、とまで言っていい動きなんですか」

「そうです。事実として、中国の捜査があそこまで進展しているのなら、日中の捜査協力を日中の外務大臣同士で公式に合意している以上、警察庁に連絡がないことはあり得ません。この線で解決、ということでどうだろうかと、日本の世論の反応を見ているのでしょう」

わたしは、最低限度の裏をとるために、外務省の幹部と、首相官邸の関係者にそれぞれ電話した。

もう生放送の時間が迫っている。

テレビ局の担当者が、柱の陰のわたしを見つけて、目顔で「間に合わなくなります」と急がせながら、しかし気を利かせてくれて、電話をしているわたしに近づかない。

外務省の幹部も、首相官邸の関係者も幸運にも、日曜の早朝なのにすぐ電話に出てくれた。中国政府から日本政府に連絡も通告もない、両者ともそう明言した。

外務省の幹部は「青山さん、中国政府はいまだに、毒が中国で混入されたとは、公式には認めていませんよ」と言った。

生放送の番組が始まり、毒ギョウザ事件に話が及んだとき、わたしは、新聞を読んでいない視聴者も経緯が分かるように、簡単に記事の中身に触れたあと、「ところが、この臨時工逮捕が事実なら、あるはずの連絡が日本政府の側に来ていません」と述べた。

番組のキャスターが高村外務大臣に「ほんとうですか」と問うた。

外務大臣は、いくらか微妙な表情を浮かべたが、即座に「毒が中国で入れられたと、中国政府が日本政府に通告してきたというのは事実ではありません」と明言した。

記事の信憑性を担保する根幹の部分を、「事実ではない」と指摘したのだった。

しかし一方で、中国サイドとしては、日本の世論の動きをみる、という目的は充分に達しただろう。「臨時工に過ぎない」人物が、個人的事情に過ぎない動機で、偶発的に起こした、ただ一度きりのハプニングに過ぎない」という筋書きで事件の「解決」を図ろうとすることは変わらないだろう。

真実は、中国の巨大な社会矛盾をこそ、真の動機にした食品テロである恐れがきわめて高い。

個人の思いつきによる事件なら、二度と起きない事件かも知れないが、社会の深い病から起きた食品テロなら、必ずふたたび起きる。

日本国民の食生活のなかに、中国産品はもはや引き返せないほどに強固に食い込んでいる。

たとえば、日本製の七味だと安心して讃岐うどんにふりかけていても、そのなかの胡麻や山椒は、中国の畑で作られていたりする。

日本国民の命がいちばん大切だと、日本の為政者が思うのなら、事件を一過性のものとして流してしまおうという中国の姿勢をどうでも覆さねばならない。
それを後押しするのは、日本国民の意思だけだ。強い意思だけだ。

第18節　「テロじゃなくて独立戦争です」

これらの複数の記事には、「臨時工」が漢人、すなわち中国人であるのか、それともウイグル人やチベット人といった少数民族であるのかについては、何も触れられていない。

しかし、雰囲気としては漢人である雰囲気が漂っていた。

天洋食品のある河北省には、漢人が多いことも背景にあるのかも知れない。

日本にいたことのある亡命ウイグル人は「中国の社会矛盾はわれわれ少数民族だけの問題では全くない。日本のかたがたが、北京オリンピック前よりずっと、中国の少数民族の問題に関心を持ってくれるようになったのは嬉しい。嬉しいけれど、中国の矛盾が漢人をもひどく苦しめていることに、もっと気づいてほしい」とわたしによく話す。

この亡命ウイグル人は、北京オリンピックが開かれる直前に、わたしに電話をしてきた。

「青山さん、新疆ウイグル自治区のカシュガルで起きたあのテロ事件のことです。中国当局が垂れ流す、テロだ、テロだという話に乗らないで欲しい」

これは二〇〇八年八月四日、カシュガル市内の人民武装警察・国境警備隊の官舎まえの公道で警官隊が朝のトレーニングのランニングをしているところに、男性二人がトラックで突っ込み、さらに手榴弾を官舎に投げ込み、出てきた他の警官隊に大型の刃物で斬りつけた事件だった。中国側は、警官一七人が死亡したと発表し、二人のウイグル人を犯人として逮捕した。

わたしは「中国当局が情報を操作していて、日本のメディアがそれに乗っかりやすいのは事実です。ただ、今回は実際にテロがあったかどうか、もしもあったならば、どのようなテロだったかという情報をこれから集めていかないといけませんね」と問うた。

「青山さん、そうじゃなくて、私が言いたいのは、こういうことなんです。おそらくウイグル人がやったと思います。発表された三三歳と二八歳なのかどうか、我々もわからない。わからないけど、たぶんウイグルだろうと思う。カシュガルは人口の九割がウイグル人だし。そうだろうけど、良く考えてください。我々は武装警察と戦ったんです。これはテロじゃなくて独立戦争です」

わたしは、じっと耳を傾けた。

「新しい形の戦争なんです。テロというのは、関係ない無辜《むこ》の民を巻き込むからテロなんでしょう。一人も巻き込んでいませんよ。無実のウイグル人を、予防拘束して、拷問して、殺したりしている武装警察に突入して、戦争をやっているだけで、テロじゃない。少なくとも西側諸国が定めるところのテロの定義には一致しないでしょう」

「よく理解できます。ただ、狙いがそうであっても、市民を巻き込む恐れの強い戦闘でもあったのか、そうではなかったのか、そこは、きちんと情報を集めて考えていきます」

「それは、そうでしょう。しかし、もう一つ、大事なことがあります。今回の事件も含めて、今の中国は、とにかくウイグルだけを敵にして、全部そこに話を集中させて、誤魔化そうとしている」

「ああ、それはぼくもテレビの視聴者などにお話していることです」

「はい、わたしも拝見しています。やっと、まともな話をする人が出てきたと思って、それで電話しているのです。青山さんもご存じなように、警察官や警察署が襲撃されているというのは、中国全土で起きています。襲っているのはウイグル人だけと中国当局は言います。冗談でしょう。漢人が一番やっていますよ」

彼は言葉を続けた。

「どうしてか。漢人そのものが同じ人間なのに、同じ中国人なのに、分断されて、差別されているからです。例えば戸籍の問題もある。農村戸籍を持っている人間は、都市の、まともな戸籍のある住民になれない。そんな国が、他にあるのでしょうか。あるわけがない。だから漢人自身が怒って、警察署を襲撃している事件がいっぱい起きている。オリンピックに合わせて、ウイグル人の事件だけ、こうやって公表して、ウイグル人はひどいという印象を世界に植えつけて、もしオリンピックで何かあったら、全部をウイグルのせいにする準備をしている。実はオリンピックの危機というのは、漢人からのテロもあるし、今まで弱かったチベット人も水面下で動いている。それから内蒙古のモンゴル人だって、わかりません。それを全部ウイグル人のせいにしている。というのは、人民武装警察と直接いちばん戦ってきたのは、ウイグル人だから、中国はウイグルの武装勢力をいちばん恐れて、オリンピックをむしろ利用して、ウイグル人を根絶やしに、叩き潰そうとしているからです」

この事件はその後、ニューヨーク・タイムズが、目撃者の(1)襲った男たちは人民武装警察の制服を着ていた、⑵爆発音はなかった――というショッキングな証言を伝えたことに端を発し、警官同士の内紛であった可能性や、さらにはでっち上げではないかという疑問が噴き出し、国際人権団体アムネスティが中国政府に「公正な調査と裁き」を求めた。

しかし中国は二〇〇九年四月、二人のウイグル人、まだ三四歳と二九歳の若いウイグル男性を死刑に処した。

第19節　中国の要求を丸呑みしたアメリカ

初めて、この亡命ウイグル人の言葉を聞くひとは、誇張があるのではないかと、疑うだろう。

しかし背景をしっかり考えていくと、誇張はほとんどない。

二〇〇一年九月一一日に、アメリカで同時多発テロが起き、ハイジャックされたジャンボ機が二機、相次いで突入してニューヨークのワールド・トレードセンタービルが破壊され、ワシントンのペンタゴン（国防総省）にもハイジャックされた民間機が突入したあと、アメリカ合州国（合衆国）は全世界に向かって、同時多発テロを主導したアルカーイダをはじめとするイスラーム原理主義組織の割り出しに協力してくれとお願いをした。

日本は直ちに協力したが、したたかな中国は、交換条件を出した。こちらの条件を聞いてくれれば協力しましょうと、興奮して国を挙げて我を忘れているようなアメリカに、冷静に回答した。

その交換条件は、「東トルキスタン・イスラーム運動（ＥＴＩＭ）を、アルカーイダの支援を受けた国際テロ組織だと認定しろ」ということだった。

東トルキスタン・イスラーム運動は、新疆ウイグル自治区の独立を目指す武装勢力のひとつで、テロの「実績」からしてウイグル独立運動のなかで最強最大の組織だという見方が強かった。

それを、中国の敵ではなく世界の敵だ、アメリカにとっても敵だと認定するのだったら、われわれ中国は、国内にいるイスラーム教徒の情報を何から何まで全部、提供する。

アメリカは九・一一同時多発テロの直後は、アジア戦略も何も考えられない、とにかくイスラーム原理主義組織を打ち壊したい、それ以外のことは何も考えられない状況だったから、中国の要求を丸呑みした。

アメリカ合州国というのも、不思議な国で、建国以来ずっと戦争ばかりを続けてきたのに、自国は一度も、攻撃されたことがなかった。ところが九・一一同時多発テロで政治首都のワシントン、経済首都のニューヨークをいずれも攻撃されて数千人の死者を出した。

そのために戦略性を失って、目の前のことしか見えなくなっている、その姿を中国はじっと冷静に見ていたのだ。

北京オリンピックを機に、中国共産党の圧政や自分たちの怒りを世界にアピールして救いの手を差し伸べてもらおうと動いたのは、ウイグル人だけではない。

二〇〇八年三月に大規模な暴動を起こしたチベット人だけでもない。

オリンピックの開催まえ、さらには開催中も北京市内、上海市内で、たとえばバスやトラック、乗用車の爆破によって、かなりの被害が出たとみられている。

わたしがそうみている、のではない。日米英の情報当局、捜査当局がそうみている。

しかし、そのバス、トラック、乗用車の爆破はすべて、車両故障などによる火災だということにされた。

わたしが関西テレビの報道番組「アンカー」（ANCHOR）で、そういった趣旨を話したあと、インターネットを通じて、次のような情報がもたらされた。

「アンカー」では毎週、水曜日に「青山のニュースDEズバリ！」というコーナーがあり、そのときの話を大阪のひとりの主婦のかたが無償ですべて文字に起こし、インターネットに「ぼやきくっくり」というハンドルネームでアップしてくださっている。

わたしは、このかたと会ったことは一度もない。あらゆる意味で、無償の行為であり、感謝している。テレビの生放送は当然、すべて口を突いて出る話し言葉だ。わたしは台本を読んだりしないから、推敲のできる文章と同じように一字一句を起こされると、あっと思うような恥ずかしい言い間違いもあり、頭を抱えることもないではない。しかし、それはやはりわたしが言い間違えないよう努力するほかない。だから、この文字起こしには深く感謝している。

このかたは「青山さんの考えにすべて賛成というわけではない」と何度か強調されているが、それは当然のことだ。

その文字起こしに二〇〇八年の八月二二日の夜、以下の書き込みがあった。

「中国在住者です（後略）。

青山さんの（アンカーでの）レポートに、北京市内、上海市内、香港市内、そういう所で、車とかバスとかトラックが爆発する事件がかなりあったようだと……これについて、私は上海にて実際に事故を目撃致しましたのでご報告致します。

日時はオリンピック開幕式当日のお昼過ぎ、場所は上海市内の主要幹線道路で、近くに日本人学校もある閑静な住宅街です。

写真を撮ろうとしたら、近くに居た公安に直ぐに咎められたため断念しましたが、車体（二十人乗りぐらいのマイクロバス）は丸焦げ、周囲には異様な匂いがたちこめ、それは酷い有様でした。

かなりの死者がでたはずですが、あっという間に死体や車の残骸を処理したため、上海の一般市民も含めて在留外国人のほとんどがこの爆発事故を知っておりませんし、もちろんネットを含めて国内でも一切報道されておりません。

許し難いのは、日本人が多く住む地域での爆発事故であり、情報提供があったであろう上海の日本領事館及び害務省（※これを書き込んだひとが字を間違えたのではなく、外務省のことを意図してこう表現したと思われる）が、これらの事実（これ以外にもこの数ヶ月の間に、上海だけで少なくとも三件のバス等爆発事故が発生）を日本人在住者・旅行者に一切通知せず、渡航の危険性を隠匿していることです」

この書き込みは、中国に駐在する日本の勤労者だと名乗っている。

それが真実かどうか、また内容が事実かどうか、それは確かめることができない。

しかし一方で、日米英の情報当局、捜査当局が上海の住宅街でマイクロバスが爆発する事件があったという未確認情報を得ていることは、わたしは把握した。

第3部 国境崩壊

中国はG2、すなわちアメリカと中国だけで世界を仕切る時代が来るのだというイメージを、巧みに、かつ懸命に演出している。

かつては、G7、すなわち日本を含む先進七か国でつくるサミットに参加させてほしいと、あれほど焦っていた中国が、こうした強気の姿勢をみせる背景は、世界金融危機からの回復は中国頼みだという自負から来ている。

その中国が、一皮剝けば未知のカオスのなかにいるという重大な事実を、第2部で視てきた。

そして、中国の足もとには、もう一つの決定的な不安がある。

それは、世界大戦が一九四五年に終わって作られた現在のアジア地図そのものが、国境線の引き直し、国境の崩壊によって大きく変わってしまう可能性が生まれつつあるというまったく新しい不安だ。

第1節　つくられた憎しみ

そのひとつが、ウイグル人やチベット人の独立回復であり、もうひとつが北朝鮮の崩壊である。

まず二〇〇九年夏に起きたウイグル人の叛乱を、生の証言からみていこう。

本書の使命のひとつは、チベットの声をフェアに日本国民のなかに甦らせることだと、わたしは考えていた。

北京オリンピックが開かれるまえの二〇〇八年三月、チベットの僧侶や市民が立ちあがり、世界のひとびとが広く共鳴して、中国が国威発揚のために世界の各地で演出した聖火リレーが強い反対の声に囲まれた。

その聖火リレーがやってきた長野は、中国人たちの振りかざす赤い中国国旗（五星紅旗）で埋め尽くされ、暴行を受ける日本の市民までいて、もはや日本がどこの国か分からなくなる異様なありさまとなった。わたしはこれを長野事件と名づけ、きちんと記憶しようと呼びかけてきたが、マスメディアからはほとんど姿を消した。メディアがそうでも、こころあるひとびとは必ず、覚えていて、それもチベットだけではなくウイグル人やモンゴル人、すなわち民族の誇りをたいせつに独立を希求する少数者のことを心配し、共感している。そのふつうの市民と一緒にあらためて考えることが、この書物の背負うべき責任のひとつだと考えていた。

そして、ようやく出版間近にこぎ着けたその時、二〇〇九年七月のウイグルの民衆蜂起は起きたのだった。天の意思を感じるのは、あまりに僭越だろう。しかし地に染みた、ひとびとの願いを文章にして、本にして、世に残し伝えていく責務を深く感じた。

わたしたちが最初に知ったニュースは、中国のいわゆる新疆《しんきょう》ウイグル自治区の首都ウルムチで、ウイグル人の「騒乱」があり、死者が出たというものだった。日本の新聞は即座に、「イタリアのラクイラでサミット（G8）が開かれるのを利用して世界の注目を集めようと、ウイグル人が争乱を起こした」という記事を載せた（新疆とは「新しい領土」という意味だ。ウイグル人はもともとそこに棲《す》んでいたのであり、中国側のあまりにアンフェアな命名である）。

そして、まるでこれと呼応するように中国政府は「世界ウイグル会議が扇動した」と発表した。中国の胡錦濤主席も参加するサミットをチャンスとみて騒ぎを起こしたのだ、という趣旨は、日本の報道ぶりとぴたり一致していた。

わたしは外務省の中国担当のキャリア、それに中央アジアのムスリム（イスラーム教徒）の動向に詳しいノンキャリア、警察庁の外事畑のキャリア、それに米英のインテリジェンス当局者に電話をかけつつ、ひとりのウイグル人に電話した。

このひとは亡命ウイグル人だが、その亡命ウイグル人の組織である世界ウイグル会議に、あえて属していない。常に中立を保とうという苦しい努力をしつつ、抑制の効いた謙虚なふるまいが変わらないひとだ。もともとは物静かな技術系の学者であり、日本で研究生活を送ったこともある。だから達者な日本語を話すが、いま現在は世界のどこにいるのか、アメリカなのかイギリスなのかフランスなのか何も言えない。なぜなら、ひとつには本人に常に命の危険があるからであり、もうひとつにはウイグル自治区に残してきた肉親の安全に関わるからだ。

いつも、その背中には肉親や友と会えない哀しみが滲んでいる。

その彼に電話をして、ほんとうは何が起きているのかを聞いた。彼はこうしたとき、必ず自治区のウイグル人に直接、携帯電話で国際電話をかけて生の話を聴いている。その直接証言だけを、推測も誇張もまじえずに話してくれる。

彼の証言でまずショッキングだったのは、争乱が起きるきっかけが「サミットを利用した動き」でもなければ「世界ウイグル会議の扇動」でもなく、つくられた憎しみであることだった。

わたしは彼に何度か電話をして、日米英のインテリジェンス（機密情報）との整合性をはかりながら、慎重に、争乱の全体像を考えていった。

そして二〇〇九年七月七日火曜、七夕の夜に、大阪の関西テレビにいた。翌日の水曜は毎週、報道番組「アンカー」でニュースを分析するコーナーがある。

その打ち合わせだ。打ち合わせと言うよりは、討論会に近い。たとえば、硫黄島に取り残されている日本の将兵の遺骨をめぐって放送したいと、わたしが主張しても、すんなりとは認められない。ディレクターと、まなじりを決するような怒鳴りあいを数知れず、繰り返してきた。わたしにとっては重い、苦しい時間でもある。たとえばディレクターが視聴者を「お客さん」と表現することが、わたしは受け容れられない。そう表現する理由は、もちろん嫌と言うほど分かる。むしろそう表現することが、彼のプロの誇りを支えているのだ。しかし、それは彼がこれまで関わってきた、タレントや職業的コメンテーターが出演する番組だけにしてほしかった。わたしは、カメラの向こうの視聴者、国民を決して「お客」とは思わない、思えない。それをディレクターが言わないようになるだけでも、長い時間と激しい応酬の繰り返しが必要だった。

一方で、この打ち合わせには、勉強熱心な若いＡＤ（アシスタント・ディレクター）ふたりと公平な大学講師、クールな放送作家、特派員経験の豊かな記者でつくる「青山コーナーチーム」、それにフェアなキャスター陣ふたりも同席して、よい質問をわたしにぶつけてくれる。ディレクターも、わたしとの怒鳴り合いにめげずに逞しいプロ根性を発揮して、とにかく分かりやすい番組づくりに努力する。

この夜は、ウイグル人の彼の証言を取りあげることを提案した。提案しながら、受け容れられるかどうか、いつものように不安だったが、不退転でいくことは、あらかじめ決意していた。

するとディレクターから「そのウイグル人と今から、テレビカメラの前で電話をして、その中身を収録して放送できますか」という提案があった。願ってもない。しかし「彼」の承諾が必要だ。わたしは即座に携帯電話で彼に電話した。

名前を伏せること、声も放送では変えることなどを条件に、彼は快諾してくれた。

そこで別室に移り、テレビカメラの前でわたしが彼に電話をかけ直し、収録が始まった。画像は、電話を握りしめるわたしの顔だけだ。あとで視ると、自分でも驚くほどに顔が苦しげに歪んでいった。あまりに無残な話だったからだ。それも初めて聴く話じゃない、何度も聴いているのに、わたしは、たとえば虐殺されたウイグル人がわずか一七歳から二〇歳前後であることにも、初めて知る話のように悲しみと怒りがどっと込みあげた。

Qとあるのは、わたしの質問、Aとあるのは彼の答えだ。

（収録された電話）

Q　争乱の始まりは何だったのですか。

A　中国は世界ウイグル会議の扇動だと言っていますけど、客観的にみて、それは最初からあり得ない。中国はインターネットを規制していますから、ウイグルでは誰も、世界ウイグル会議のサイトをふだんから常に見られない。また世界ウイグル会議のメンバーは自治区に入れないから、扇動しようにもできないのです。

ほんとうのきっかけは、ウイグル自治区で起きたことですらなくて、遠く、中国の広東省で起きたことです。そこの、おもちゃ工場です。

そこにはウイグル人の若い労働者が六〇〇〇人います。日本の新聞には出稼ぎと書いてあるけど、まったく違います。

中国政府が二〇〇〇年から始めたのは、ウイグル自治区の農村部から大量の若い労働力を男女含めて中国の本土に計画的に、強制的に、沿海部の方に連行していって……。

Q　連行する？　実際に身柄を拘束して？

A　身柄拘束じゃなくて、行政の手段で、罰金とか、そういう形で。自分の故郷にいたら、年収の数倍の罰金をとるわけです。

まったく故郷から離れて、言葉もわからない、生活習慣も違う、その中国の本土に行って働かざるをえない。今回の事件は、そういう大プロジェクト、強制移住政策の中で起きた事件です。

中国政府に強制連行されたウイグル人の男女が働く玩具工場があるんですね、広東省韶関《しょうかん》市に。年齢は、中学を卒業した一七歳から二〇代前半まで。ほとんどが一〇代ですよ。

この工場はですね、従業員八〇〇〇人くらいの規模の大工場で、ウイグル人は男女六〇〇人くらいで一割の六〇人くらいが女性。女性は少ない。そこで、（二〇〇九年）六月二六日の未明に、ちょうど深夜労働の終わった、二〇〇人のウイグル人労働者が、工場の敷地内にある宿舎に帰る途中にですね、六〇〇〇人ぐらいの、いろんな凶器を持った中国人労働者が襲いかかったんです。手に、棒とか鉄パイプとか中華包丁とか、いろんな凶器を持って、一斉に。

Q　二〇〇人のウイグル人に対して六〇〇〇人の漢人が襲いかかった？　物凄い数ですよね？

A　ウイグル人は何も持っていない、素手なんです。仕事帰りですから。

まったくね、逃げ回るねずみを追いかけて、ぶっころすような感じで、ウイグル人が一人一人殴られて、死ぬまで殴られていくわけですね。二、三時間続いたらしい。そのあいだ警察は誰も出てこなかった。

最後にもう、二〇〇人が全部倒されたあとに、やっと警察が出てきたんだけど、私もユーチューブでアップされている映像を見まして、倒れたウイグル人を誰も手当てしようとしないんですよ。血だらけで倒れたままで。倒れたウイグル人に対して、中国人はまだ殴っているわけですよ。

Q　その映像は誰が撮った映像？　ウイグル人がアップした？

A　いや、中国人が撮った。

Q　襲った側が、はっきり言うと、自分たちを誇る意味で……。

A　そう、自分で襲ったあと、血だらけのウイグル人をアップで撮っているわけですね。その夜、その場で一〇人くらいのウイグル人の女性が中国人に集団レイプされて、そのうち二人が、頭を切られて、頭、切り取って。

Q　え？

A　木にぶらさげた。工場の敷地の木に髪の毛でぶら下げた。ウイグル人女性の髪の毛は長いから。

わたしは絶句した。

この最後の証言は、放送できない。

この電話は四〇分以上、続いた。彼の証言をまとめると、こういう経緯になる。

――まず、おもちゃ工場から解雇された漢人が、インターネットと携帯電話を使って「ウイグル人の労働者が漢人従業員の女性をレイプした」というデマを流した。そのデマを信じた漢人が、集団で武器を用意して襲撃したのだが、そのデマをたやすく信じ、昂奮し、襲ったのには背景があった。

もともと若いウイグル人を中国の内陸部に強制移住させ、そのあとに漢人をウイグル自治区に入れる政策を行なってきたが、二〇〇一年の九・一一同時多発テロのあとに、中国政府がウイグル民族を、イスラーム教徒だからという理由でテロリストとして大々的に国内で宣伝した。

彼は「アメリカもこれに、同調した。そのために中国の若い人たちの心が変色して、ウイグル人に対して、考えられないほどの憎しみを持っていった」と表現した。

（収録された電話）

Q　それはふつうの政府による宣伝だけじゃなくて、教育でも行なわれていた？

A　その通りです。教育、マスコミの宣伝で、あらゆるところで、ウイグル人は悪い、ウイグル人は中国を分裂させると、この民族を何とか始末しなければ、安定はないと。そういう宣伝を中国はここ数年のあいだに国民の間に浸透させせた。それが今度、裏目にでたわけです。

彼の証言は、諸国のインテリジェンス（情報）による中国の少数民族、とくにイスラーム教徒、チベット仏教徒への施策と一致している。

それに日本国民にとって衝撃なのは「工場から解雇された漢人」が発端になっていることだ。あの毒ギョウザ事件と根が同じなのだ。

わたしは当然のこととして、彼がどこの誰から証言を得たのかを確かめた。彼は公平なひとであるが、証言はあまりに重大だ。

すると、たとえば、この襲われた二〇〇人のうち、わずかに一〇人前後が足が速くて逃げ出し、そのうちのひとりが彼の直接の知人で、電話で現場のようすを聴いたと分かった。

この逃げた知人も、額を割られて、七針縫ったそうだ。

（収録された電話）

A　その逃げた、わずかなひとたちが、自分たちが襲われたことを、親戚とかにすぐ携帯で電話するわけですね。それはあっと言う間にウイグル全土に伝わるわけ。今、ネットの時代だから。それで、新疆大学のウイグル人学生たちが七月五日、一〇〇〇人くらいのデモをした。まったくの非武装で。彼らはエリートだから。で、このデモに一般のひとたちも入って、三〇〇〇人規模になったらしい。

そこへ、中国の人民武警（武装警察）、特警（特殊警察）、それに軍のテロ部隊も出て、「デモをやめなさい、帰りなさい」と止めたけど、デモ隊は前進するわけですね。そして人民広場に入ろうとした。

そしたら、人民広場に入れさせたら駄目だという指令が出たのか、威嚇射撃じゃなくて、水平に射撃した。それだけ、過剰に反応したんですね。警察までウイグル人はテロリストだと思い込んでる。軍のテロ部隊まで出たから、過剰に反応して一方的に発砲した。そこで四〇〇人以上が殺された。

その後に、みんな逃げたあとに、中国側はデモ隊が悪いということをでっち上げるために、政府側の人たちが、道端にある車を倒したりとか、タイヤを道のど真ん中に集めて、そこにガソリンをまいて、タイヤを燃やすとかね、そういう風にして、テレビに撮らせるわけですよ。演出ですね。デモやった人は、こういう暴動を起こしたと、平和的なデモを暴動のように見せかける。世界に。それは、中国の常套手段ですよ。

Q　ウイグル自治区でよくあった？

A　よくあった。いつもデモは平和だけど、一方的に人を逮捕したり、殺したあとに、彼らの側から周りの店を壊したり焼いたりして、テレビや映像にとって、国際的な発表をするわけ。

Q　さっきおっしゃった政府の側の人というのは、一般市民を装っているわけですか？

A　そう、ウイグル人の市民を装っているわけ。

そして彼は、こうした常套手段もすべて、いわばツケを払う時期が来た、だからこそ胡錦濤国家主席は、ウイグルで争乱が発生するとすぐにサミットを投げ出して帰国したのだと語った。

これは全体像をよく摑んでいる見方だと思う。

ウイグル人は、中国の「同化政策」という名の民族縮小計画もあって、わずかに九〇〇万人以下しかいない。漢人は一二億人を超えている。ウイグル人が、仏さまの国のチベット人とは異なり、イスラーム教徒としてジハード（聖戦）を戦うことを知っていても、本来は敵にならない。

敵は、漢人のなかにいるのだ。中国共産党とその政府が育ててしまった憎悪に染まった漢人が、反日であれ、反イスラーム、反ウイグル、反チベットであれ、そうした憎悪を口実に中国共産党の支配に刃向かうことをこそ、胡錦濤主席は怖れて、警戒して、中国に帰り、弾圧の指揮を執った。

一九八九年にベルリンの壁が壊れてから、ヨーロッパで何が起きたか。社会主義の箱に無理に入れられていた少数民族が次から次へと独立し国境線が引き直されていった。それがアジアでも起きる気配を胡錦濤主席は感じ、すなわち中華人民共和国の虚構が崩れる気配を感じ、国境線の崩壊を食い止めるために、サミットを捨てたのだった。

この二〇〇九年夏のウイグルについて、テレビ番組で見解を問われた日本の女性大学教授はまず「確かに（中国の）内政問題だから」と答えた。独立した民族の大地を「新疆」、新しい領土と公然と呼んで抑圧する中国の覇道に、あらかじめ自らを組み入れていると言うほかない。これを大学教授だから政治性を排した、公平を期したとでも言うなら、それは知の退廃そのものである。

そして胡主席の抜けたラクイラ・サミットでウイグル人弾圧をフェアに批判する声が、日本の麻生太郎首相からもオバマ大統領からも誰からも一言も発せられなかったのは、政治の退廃である。中国はむしろ「金融危機と世界不況を中国に救ってもらいたいから、世界はもはや中国に何も言えなくなった」と確信しただろう。

その過信はいずれ、ナイアガラの滝から一気に落ちるような破局を、中国発でアジアと世界へもたらしかねない。

このウイグル争乱とラクイラ・サミットのころ、日本国内では、麻生政権の断末魔ばかりが報じられていた。

わたしには、そのマスメディアのあり方に対する怒りの声が、Eメールなどでずいぶんと寄せられた。

たいせつなのは麻生さん個人の運命ではなく、国家の命運と、世界のこれからであることを日本の主権者はよく知っている。その意味で、マスメディアからの有権者の自立が始まっている。

わたしも思う。わたし自身も、共同通信の政治記者時代に、政権の末期になると政局、つまりは欲呆けの政治家どもの右往左往をしきりに記事にせざるを得なかった。それ以外の記事は、デスクに受け容れられなかったが、その既存の体制にどっぷりとみずからの意志で漬かっていたのであり、厳しく自問せねばならない。

ほんとうは政権末期には、その政権がたとえばどのような外交をしてきたかを戦略的に総括し、成と否の両面をフェアに提示することが、たいせつだ。それは日本国民にだけ示すのではない。国際社会にもまた示すから、やり方ひとつで日本の国益が一変する。

「その政権の外交成果を強調すれば、与党に有利だ」「失敗を明らかにすれば野党に有利だ」という発想が、当然のごとくわたしたちの社会に通用している。外交を知らず、国際関係を知らない、貧しい発想と自戒したい。

なぜか。

政権がどう変わっても、与野党が入れ替わっても、日本国の外交は国がある限り、続くからだ。国際社会との付き合いも続くからだ。

外交の成と否のいずれをも示すことこそ、日本国が諸国それぞれと今後どう付きあいたいかをフェアに提示することである。

たとえば、日本では政権末期にマスメディアがその政権の外交成果を明示することが少ない。とくに保守派の立場が明確な政権に対しては、まったくないと言ってよい。

だが、麻生政権にも外交成果はある。それも単純に「外交分野」に分類されることだけとは限らない。

たとえば麻生政権は、不正競争防止法の改正を成立させた。これまで日本はスパイ防止法のない珍しい国として、中国などから技術者が日本のハイテク企業にやってきては設計図をコピーし、技術の粋の入ったハードディスクをコピーし、自国へ半ば公然と持ち帰っても、ろくに摘発できなかった。

しかし、この法改正の実現で、横領といった、いわばサイドラインの罪状を苦心惨憺して立件しなくともコピーは即、違法となった。外国企業の産業スパイ、あるいは国家による技術スパイの動きに一定の歯止めはかかる。

これは取り締まりの問題にとどまらず、まさしく外交だ。なぜなら中国などに「日本は戦争に負けたあとスパイを取り締まるという基本的な国家主権も放棄した国であった。それを克服していく」という宣言になるし、同盟国のアメリカには「情報がいくらでも漏洩する信頼できない国であることから脱却する」というアピールになる。

一方で包括的なスパイ防止法の成立はないままだから、それは逆に「日本はこれからも主権回復の途上にある」という示唆になる。

また麻生政権は、日本の西の最前線である与那国島に自衛隊部隊の初配備を決定した。

わたしに対馬の地で、熱意を話してくれた外間守吉・与那国島町長の志は、まずは最初の形になったのである。

わたしは、与那国島の現地に入る直前の浜田靖一防衛大臣に「これは監視部隊だけの配備ですが、いずれ戦闘部隊を配備して国境紛争や戦争の発生を抑止すべきです」と話し、浜田さんは現職閣僚として中国や台湾に配慮しつつ「まずは第一歩をね」と応えた。

これも防衛強化だけではなく、韓国に島根県の竹島をやすやすと侵略され奪われたままになっているような外交を、もはややめる意思表示になる。

ただし、宰相は意味づけを正しく発信せねばならない。麻生さんは防衛大学校の卒業式でこう訓示した。「自衛官は、わが国外交の重要な部分を担う外交官であると言っても過言ではありません」。正しい。ところが麻生さんは根拠としてイラク復興支援やインド洋での給油など国際貢献だけを挙げた。

それだけではなく「国境の防衛力強化は、戦争を起こさせない外交力の強化であり、その意味からも自衛官は外交官である」と明言すべきだった。それならば、国民と国際社会に向け「外交は本来は、抑止力としての軍事力に裏打ちされている。敗戦後の日本外交はそれを欠いてきたが、国際法に則り、正していく」という効果的なメッセージになった。

麻生政権が去っても、新政権が法の再改正や自衛隊の配備計画の変更をしない限り、この法的な外交ツールは残り、外交力アップのための自衛隊活用も続く。

そこに戦略的な意味づけを、もしも新政権が党利党略とは関係なく積極的に補っていけば、日本の国益は充実する。

これが正しい政権交代だ。政権交代が日本のイメージを下げ続けてきたことを脱却し、むしろ政権交代によって日本の国際社会での発信力を強化する、ただひとつの道なのだ。

第2節　崩壊するトリックスター

さぁ、国境線の引き直しにつながる、もうひとつの巨大な動きをみよう。

みずからは朝鮮民主主義人民共和国を名乗り、アジアを引っかき回してきた北朝鮮、そして仮想現実のなかで太平洋を越えるようにアメリカをも揺さぶり続けた北朝鮮――。

この現代世界で最もしたたかなトリックスター国家が、崩れ去る。

その時が遠からず来ることが最初に露見したのは、アジアのビッグイベントだった北京オリンピックが終わった直後だった。

北朝鮮の独裁者、金正日総書記が、脳卒中および心臓発作で倒れたのである。

心臓発作はかつてもあったが、脳卒中は初めてだった。自国民の命をためらいもないかのように餓死に追い込んできた独裁者の命は、ある日は脳卒中に襲われたかと思うと、ある日には心臓発作に襲われた。さらに、この発作を受けて全身を調べ、膵臓ガンが発見された。

北京五輪が最高潮に達していた二〇〇八年八月一五日前後から二四日の閉会式にかけての時期に、集中して襲われ、ガンも見つかった。

なんとも象徴的というほかない。

北京オリンピックの開催と、その閉幕は、中国の単純な隆盛を意味するよりも、新しいカオスの幕開けをも意味していた。

アメリカが二〇〇八年一〇月に北朝鮮をテロ国家の指定から解除したのも、むしろ、この独裁者の危機を知ったからだった。

当時のブッシュ大統領とライス国務長官は、金正日さんが生きているうちに、最低でも「プルトニウム型（長崎型）の核爆弾」は開発と保有を制限することを確保しないと、金正日さん亡きあとは、軍部の影響力が格段に増幅するから、それすら無理になると焦ったのである。

それは実は、北朝鮮がウラン型（広島型）の核開発を続けるフリーハンドを得たに等しかった。

そして北朝鮮は、ミサイルに搭載しやすいプルトニウム型についても、すでに老朽化した寧辺《ヨンビョン》のような核施設での開発はやめて、アメリカの顔を立てながら、実際には他で開発し続ける。

北朝鮮は、核保有国であり続けることを確保したのだ。

金正日さんは、かねてから糖尿病や心臓病に苦しんできた。

人口が最大の時でも二一〇〇万人ほどに過ぎなかった小国の北朝鮮は、本書で前述したように、およそ三五〇万人もの民衆が飢え死にしたという。

金正日さんの側近ナンバーワンであった黄長燁・朝鮮労働党中央委員が、亡命してから証言した「仮の事実」である。

この黄長燁さんは北朝鮮のいかなる極秘の情報にも接することのできる立場にいた。

その証言だから、確度は高い。

しかし、あえて「仮の事実」とする。

それは、亡命のあとに自分の情報の価値を上げるために誇張があったり、あるいは亡命を正当化するために北朝鮮の惨状を過剰に強調したりという可能性も、フェアに考えておくべきだからだ。

この仮の事実を、もう一度、人口一億二〇〇〇万の日本に置き換えて考えてみよう。


日本に置き換えてみるという、この小さなシミュレーションは、わたしは前著の「日中の興亡」でも触れたし、本書でも先にごく簡単に触れた。

しかし金正日さんが倒れたあとだからこそ、もう一度しっかり読者と考えたい。

それは金正日総書記という独裁者が存在してきた意味を、ひとつ違う角度から考える必要が今、生まれているからだ。

さらにここで、わたしがなぜ金正日さんといった呼び方をするかについても、話しておきたい。

「あの独裁者を、さん付けにしないで欲しい」

こう求められることがある。

「呼び捨てにしてください」

こう求められることもある。

なかには「青山繁晴は、金正日をさん付けで呼ぶから、北朝鮮の隠れシンパだ」とエスカレートするひともいる。

わたしはブッシュ前大統領もブッシュさんと呼んできたし、プーチン首相もプーチンさんと呼んできたが、それらのことはなぜか抜け落ちる。

北朝鮮といえども国連に加盟している主権国家であり、その主権国家を公に代表している人物であるから、わたしは、日本という主権国家の一員として、どなたがどう言おうと呼び捨てにはしない。

だからまずは金正日総書記と呼ぶ。

北朝鮮での最高位は、ほんとうは国防委員長だから、金正日国防委員長と呼ぶほうが正しい。

現に、小泉純一郎首相（当時）が訪朝したときは、小泉さんも、同行した安倍晋三官房副長官（当時）も「金正日国防委員長」と呼んでいた。

しかし、それでは日本国民にわかりにくいし、共産主義の独裁者としての実体をあらわすのは総書記の呼び名がもっとも妥当だから、金正日総書記としている。

そして、ひとつの文章、ひとつの語りで、金正日総書記が二度目、三度目と現れるときは、なるべく金正日さんと呼ぶことにしている。

それは国家の独裁者であっても、あるいはブッシュ前大統領のように世界最大国家の首脳であっても、ほんとうは、わたしたちと同じくひとりの人間であって、お腹がすき、トイレに小走りで駆け込むこともあり、眠くなってうとうともする。

わたしの文章を読み、話を聞いてくれるかたがたには、独裁者も庶民も誰しもおなじ、にんげんすべておなじであることを、あらためて意識してほしい。

そうするうちに、そうか自分もこの世の主人公のひとりなんだと実感してくるひとも、書物の読者やテレビ番組の視聴者のなかにはいるのではないかと思うから、隣の佐藤さん、筋向かいの鈴木さんとおなじく金正日総書記もブッシュ前大統領も、さん付けで呼ぶ。

第3節　人類史上最悪の国家

さて、小さなシミュレーションである。

金正日さんにかつてもっとも近かった黄長燁《ファンジャンヨプ》さんの証言による、北朝鮮の現実を日本に置き換えてみるとどうなるか。

すでに東京都民一二〇〇万の全員が飢え死にして骸骨になり、それだけでは足りずに、たとえば神戸市を抱え人口が五六〇万と多い兵庫県の県民も全員が飢え死にして骸骨になっている。

ここまでは前述した。ところが実はそれでも、まだ足りない。

新潟県の二四〇万もすべて飢え死にして骸骨になって、ようやく、ほぼ足りる。

それでいて内閣総理大臣ただ一人だけは美食が過ぎて糖尿病になり、その悪影響もあってか心臓病になり、街や農村から美しい子女をさらうように総理公邸に連れ込んで、喜び組という半裸の女性たちに変えてしまい、それを踊らせて鑑賞する生活を送っていた。

ところが、その内閣総理大臣は無限かと思えるほどの重く、広く、永い権力を独占し続けている。

その気になれば、この困った総理大臣を討つことができるはずの自衛隊の将軍たちには、たとえばドイツで買われたＢＭＷやメルセデスの高級車が贈られている。

フランスで買われたブランドものの宝飾品は、将軍の夫人たちに贈られている。

主力部隊を握っている実力者の将軍であれば、莫大なキャッシュと女性の贈呈などもある。

誰が贈っている？　それは、内閣総理大臣がせっせと贈っている。

信じがたい光景だが、こうなる。

将軍たちへの贈りものの話も、想像ではない。

金正日さんの次男でヨーロッパに留学歴のある金正哲さんが、側近たちを伴ってドイツやフランスでこのような買い物をしていたことを、特にフランスの諜報機関は正確に把握している。

アメリカを含めた諸国政府の情報組織は、その買ったものの多くが朝鮮人民軍の将軍たちに贈呈され、そうした贈り物や賄賂が、軍と金正日総書記の良好な関係を支えてきたことは間違いないとみている。

その贈り物や賄賂のためのカネは、湯水のように費やされ、そのカネはイランやイエメンに核技術やミサイルを売ることによって作られた。

人民が飢えて死ぬことを防ぐためのカネは、日本がいずれ出すはずだと勝手に当てにしていて、その思い込みは、拉致した日本人を今や交渉材料に使えるようになったと考えているからだ。


これらがもし小説で描かれていたら、「あり得ない話」と文芸評論家から袋だたきに遭うに違いない、それを地でいく、なんとも凄まじい独裁国家だ。

もしも、たとえば黄長燁さんという亡命者の証言を「話半分」と捉えても、充分に「人類史上で最悪の国家のひとつ」と、誇張なく表現することができる。

しかし、この恐るべき現実を、もう一つの視点でも見ておくことが大切だ。

それは、この極端な独裁を維持できるほど、金正日さんはある種の異能の独裁者だということだ。

その金正日さんが、これまでとは違って脳卒中で倒れた。

まずは中国が、人民解放軍の首脳や高級幹部だけを診るエリート軍医の五人を平壌に送り込んだ。

ところが、この軍医たちは、独裁者の躰に直接、触ることを断られたという。

脳卒中の手術がおこなわれたことは確かだが、ではどうやって手術したのか。

確かなことはいまだ、そして恐らくはいつまでもベールの陰に隠されているが、呆れたことに中国軍の軍医チームのアドバイスをいちいち聞きに来ながら、北朝鮮の医師が執刀したという情報もある。

それでも金正日さんは一命はとりとめた。しかし北朝鮮という主権国家にとっては、それはむしろ最悪の事態となった。

独裁者は左半身に麻痺が残り、言語にも障害が出て、十全な執務ができないにもかかわらず、その独裁者の地位にとどまり、独裁者の最後の妻、あるいは愛人である元秘書の金玉《キムオク》さんが「通訳」し、支配権を手放さないでいる。

つまりは女性秘書が勝手に「金正日将軍がこう言っておられる」と意訳、あるいは創作しても、それをある程度以上は尊ぶほかないという愚劣な執政になった。

このために、後継の政権をどうするかの争いが当然ながら起きたが、それはまことに中途半端な闘争になった。

金正日さんの三人の息子たちのうち、長男の金正男《キムジョンナム》さんが、儒教の影響が色濃い北朝鮮であるために、「血の正統性を持つ人」として後継者の地位に、いったん近づいた。

しかし、この金正男さんは、日本のディズニーランドで遊びたくて不法入国して以来、その風貌や人となりが日本国民にもおなじみになっている通り、独裁者となるには、どうにもカリスマ性が欠けている。

違う角度からみれば、人材としては到底、独裁者にはなれない放蕩息子が、ただ長男というだけで新しい独裁者の座に近づいていているという、いわば緩い権力闘争になってしまった。

金正日さんは、父の金日成国家主席に疎まれていたという説がある。

その証拠となりうる一つは、父は金正日さんを軍に一日たりとも入れず、軍歴を作らせず、だから金正日さんは軍に影響力が薄く、無理な贈り物と賄賂で軍の支持を取り付けるしかないのである。

金正日さんは、その父を暗殺したのではないかと、西側の情報機関の多くが分析していて、金正日さんは、父に愛された異母弟の金平一《キムピョンイル》さんを去勢したうえでポーランド大使とし、実質的に国外追放に処した。

金平一さんは、父の指示で軍に入り、軍歴がしっかりとあり、軍の内部に支持者が厚く存在するからだ。

世襲ではあっても、金正日さんはこうやって血の争いを闘って、独裁者になりたいというおのれの欲望を実現した。

神も眼を背けるようなふるまいであるが、想像を絶するようなしたたかさと強靭さと決断力があった。

その金正日さんが、すんなりと去るのではなく、醜くぶら下がるように麻痺の残る身体と頭と言葉で、とどまっているから、北朝鮮という独裁国家は一転、権力があいまいになり、金正男さんという、いかにもその曖昧さを象徴するような緩い人材が、暫定的な名目上の権力の座に、いったん近づいた。

だから、金正日さんの実の妹の夫で、実務能力の高い張成沢《チャンソンテク》さんが軍と結んで、下支えしている。

下支えをしないと、即座にがらがらと崩れるからである。

北朝鮮の軍部は、この権力の希薄を隠すために、二〇〇八年一〇月には黄海に旧式の爆撃機を飛ばし、海に短距離ミサイルを撃ち込んだりしてみせた。

北朝鮮は、核爆弾はあっても戦闘機や爆撃機を飛ばし、戦車を動かすための燃料はないという奇怪な軍事国家だ。ショーウインドウしかない軍事力と言ってもいい。だから、そうとうに無理をした演技をしている。

金正日さんが回復しても、しなくても、もはやそれは根本的には同じである。金王朝の終焉がはっきりと姿をみせたことは、変わらないからだ。

だから、世界は金一族の内輪で争われた権力闘争に眼を注いだし、世襲の三代目はいずれにしても弱い独裁者になりそうであるから、金正日さんの実妹の夫という絶妙な立場の張成沢さんの実力にも注目している。

だが、その張成沢さんは一時期、失脚していたぐらいだから権力基盤は弱い。

そこで、金正男―張成沢ラインを下支えして北朝鮮の当面の安定をどうにか保とうとしたのが、中国だ。

金正男さんは、独裁者の三人の息子たちのうち唯一、中国共産党とパイプを持ち、ふだんは中国の特別行政区であるマカオや北京に在住して中国との意思疎通を担っている。

だから金正男さんは、中国が選んだ仮の後継者だったとも言える。

だが一方で、中国の胡錦濤国家主席は、本心では金一族を激しく嫌っている。

胡錦濤さんは、チベット自治区の共産党書記だったとき、かつてないほど冷酷に市民を殺害し弾圧し、それによって頭角を現した人物だが、中国共産党のブレーン機関・社会科学院の研究者によると、社会主義の大義は権力を世襲にしないことにあると信じられている。

毛沢東は権力を子弟に世襲させず、スターリンもレーニンも世襲させていないのに、北朝鮮の金一族は世襲を続けている。

しかも、その金一族は二〇〇六年一〇月に中国の水面下の強い反対を押し切って核実験を強行し、核保有国となったことを交渉材料としてアメリカに急接近した。

中国としては、喉元に親米国家が、しかも核兵器付きで出現するのは、かつてない脅威となる。だから中国は上海万博が二〇一〇年一〇月末に無事に終われば、より中国にとって都合の良い属国としての北朝鮮に作り直そうとするだろう。

中国が進めてきた開放・改革の経済路線を北朝鮮に注入しようとする可能性もある。

そのときに、本心では嫌いつつ金正男さんを利用し続けるのか、それとも金一族を排除して、軍による集団指導体制を確立させようとするか、あるいは金一族と関係の薄い、新たな人材を発掘して、中国の言うことを聞く独裁者として擁立しようとするのか、中国は迷った。

迷っているうちに、金正日さんはいったんやや体力を取り戻した機に、一気に、三男坊の金正雲さんを後継者に逆転指名した。

これは、金正日という稀代のしたたかさを持った独裁者が、国民のためではなく、すべて一族のためだけに、最後にやってのけた天才的な、うっちゃりにもみえる。

北朝鮮は、ほんとうは社会主義国家ではなく、儒教国家、儒教を名目に独裁を正当化する国である。

儒教において、三男坊が長男を差し置くなどということはタブーそのものだ。

金正日さん自身が、金日成国家主席の嫡男、つまり嫡子であり、長男である立場を最大限に使ったからこそ、おのれより父の寵愛を受け、軍の信任もあった腹違いの弟を去勢して葬ることができたのだ。

ところがその自分史も覆すようにタブーを大胆に犯し、三男坊を独裁の跡継ぎに指名した。

金正男さんは、マカオに入ったまま動けなくなった。北朝鮮国内では、金正男さんの取り巻きが、次から次へと粛清されたとみられる。

金正男さんはマカオで、みずから望んで日本のテレビ局の取材を受けた。テレビ局は「わたしは政治に興味がない」と強調する金正男さんの顔と口をアップで繰り返し放送し、「俺は刃向かわない。殺さないでくれ」という意志を平壌に伝えたい金正男さんの宣伝機関と化した。

日本のテレビは「金正男さんはマカオで安全に自由に動き、流しのタクシーを拾ってどこかへ消えた」と報じたが、日本の公安当局者は「中国の公安が金正男を包囲して、そのカゴのなかで動かしていたね。タクシーの運転手も、そうした中国のエージェントだった可能性が高い」と、わたしに電話で話した。

そして、この権力継承劇は、これだけではまだ足りない。

実は金正日さんは脳の発作のあと、比較的に早くから判断能力に問題を生じていたというインテリジェンス（情報）がある。三男坊の金正雲さんを逆転指名する離れ技は、金正日さんひとりの手によるのではなく、実は朝鮮人民軍の若手将校団のたくらみが支えたものだという見方もある。

この若手将校団は、朝鮮戦争をまったく知らず、中国への感謝はない。幼いころから受けた教育のために「全能感」、北朝鮮は何でもできるという思い込みだけがあり、それが核保有で増幅し、中国の推す金正男さんをあえて排除し、中国が予想だにしなかった金正雲さんを押し出した可能性がある。そして金正雲さんの継承が有力になると、ノドンミサイルをわざわざ射程距離を短くして打った。本気で南進、すなわち韓国侵攻を考えているための演習である恐れがある。

中国共産党の党大会は五年に一度だけ、開かれる。

二〇一二年の共産党大会では、胡錦濤国家主席が勇退し、現在は副主席の習近平さんが国家主席となることが、実質的に早くも内定している。

これは共産党による独裁体制を長く維持するために、個人支配より組織支配とすることを選んだ中国共産党のしたたかな戦略なのだが、それが仮にまだ通用しているとして、習主席ならば、金一族の利用を続けようとするかもしれない。

しかしいずれにせよ、それは、もはや泥水にひたされ重く濡れてしまった紙の箱に、重すぎる中身を入れようとすることに似ている。紙の箱は必ず潰れるだろう。

すなわち、第二次世界大戦が一九四五年に終わって、それによって造られたアジアの秩序が、初めて解体に直面する。

朝鮮半島の国境線が引き直されることになれば、それは北朝鮮という国家が消滅するだけでは済まない。

中国が北朝鮮を新たな属国にしようとする動きをみせれば、アメリカがそれを座視するのか、ロシアは影響力を南下させるという野心をみせないのか、韓国は、共倒れのリスクを冒してでも北朝鮮との統一を図ろうとするのか、複雑なカオスが生まれる。

かつてのように戦争でカオスを解きほぐして秩序づくりをするなら、悲惨ではあるが、分かりやすくはある。

ところが二一世紀は、たとえばロシアの南下にしても軍事力のストレートな南下ではなく、影響力の南下であるから、危機の実像をとらえがたい。

それだからこそ、われらは足元を固めたい。

危機の時代に、足元を固めるとは、これまであったように固めるのではなく、これまでのあり方を根っこから見直すことによって、ほんとうに固めるのだ。

第4節　恐怖のギャンブル

こうした国境線の引き直しに繋がっていく急変を、いわば大蛇の目をしてじっと見ていた国がある。

それはまた、世界金融危機がアメリカ経済の心臓部ウォール街から始まる、その一か月と一週間まえに、事前に察知するようにいち早く先駆けて、アメリカにかつてない挑戦を仕掛けた、そのただ一か国でもある。

それは、中国か、北朝鮮か、ＥＵを仕切るドイツかフランスか。

いや、ロシアである。

日本の北の隣人、ロシアだ。

弱冠四三歳でロシア大統領となったメドベージェフさんと、その背後にいる超絶リアリスト、プーチン首相は、アメリカの衰えを歴史的な好機として素早く捉《とら》えた。単なるチャンスではない。ロシア国家が崩れ落ちていく転落の坂を、逆に一気に駆け上がる稀な好機と捉えた。それは危険なギャンブルの始まりだった。

ロシアン・ルーレットというものがある。

回転式（リボルバー）拳銃を手にして、一発だけ実弾を込め、レンコン型の弾倉を掌《たなごころ》で回して、おのれのこめかみに銃口を当てて、引き金を引く。

ちょうど実弾の入っているところで引き金を引いてしまえば、死ぬ。

映画で眼にした人も少なくないだろう。

革命以前の帝政ロシア時代に、刑務所で看守が囚人に行っていた遊び半分の拷問が由来であるとか、ロシア帝国軍のなかでギャンブルとして行われていたとか諸説あるが、いずれも定説ではない。

どうもロシア人に対する偏見が、この由来にはあるのかもしれない。

実際にやったひとは、少なくともわたしはロシア人では知らない。たとえばアメリカの高名なロックバンドのギタリストがやって死亡した例は知っている。

ところがロシアは、そのロシアン・ルーレット並みに愚かしいギャンブルを、アメリカだけではなく日本を含む世界に対して試みた。

アメリカの金融危機は、巨大証券会社であり投資銀行だったリーマン・ブラザーズが二〇〇八年九月一五日に破綻することによって姿を現した。

その一か月と一週間まえに、ロシアは中央アジアのグルジア共和国に侵攻した。

それは八月八日、中国が威信をかけてひらいた北京オリンピックの開会式当日だった。

世界は、ロシアが開会式のどさくさ紛れに、ソ連時代のアフガン侵攻のような侵略行為をやってのけたのかと驚いたが、軍事行動を北京オリンピック開会式に合わせたのは本当は、グルジアのサーカシビリ大統領のほうだった。

サーカシビリ大統領は、アメリカ留学で法学の博士号をとり、ニューヨークの法律事務所で働いていた。米語を話し、親米派としてロシアと厳しく対立してきた。

そのためにサーカシビリ大統領は、ロシア軍の挑発を受け続けていた。ロシア軍は、いずれもグルジア領内の南オセチアとアブハジアに軍事顧問団などと称して侵入し、その支援のもと南オセチアとアブハジアそれぞれの民兵がグルジア人を襲撃する事件が頻発していた。

そこでサーカシビリ大統領は、この南オセチアとアブハジアに国軍の精鋭兵力を入れて、民兵の中心部隊を殺害し、ロシアの軍事顧問団をロシア領内に押し返す作戦を練った。

この作戦を練るうえでサーカシビリ大統領は実際は、秘かにアメリカのCIA（中央情報局）、それからDIA（国防情報局）を通じてペンタゴン（国防総省）と協議を重ねていた。しかしアメリカは「アフガン作戦と、発火するかもしれないイランとイスラエルの戦争に備えるだけで精一杯だ。アメリカが地上軍を派遣してグルジアの作戦を支援する可能性はない」という答えだった。

そこでサーカシビリ大統領は策を練った。サーカシビリ大統領は名うての策士である。

その頭に浮かんだ策が、北京オリンピックの開会式を利用することだった。アメリカの関係当局者は証言する。

「サーカシビリはね、中国が国威を発揚したいがために、開会式にかつてないほど多くの各国首脳を呼ぶことに目を付けた。ロシアのプーチン首相も招かれている。ブッシュ大統領もいる。その首脳同士で和気あいあいと開会式に出席しているときに、南オセチアとアブハジアの民兵掃討を仕掛ければ、さすがのロシアも動きにくいだろうと読んだのだ」

そして二〇〇八年八月八日、まさしく開会式にぶつけて、グルジア軍は南オセチアとアブハジアに精強部隊を進撃させ、民兵の掃討作戦を開始した。

ところが、ロシア軍は南下をためらうどころか、戦車を中心とした機動力のある陸軍部隊が怒濤のように南へ向かって進発した。

それとピタリあわせて、空軍による爆撃、海軍の黒海艦隊によるグルジア共和国の主要軍港の制圧作戦もほとんど瞬時に大規模に開始した。

つまり、ロシア軍は不意打ちを食らったのでも何でもない、明らかに満を持して準備していた。グルジア軍の南オセチア、アブハジア進撃は、その号砲として利用されただけであった。

ロシア軍は、南オセチア、アブハジアのグルジア軍を叩きのめすだけではなく、圧倒的な兵力で怒濤のようにグルジアの領内に侵入し、まもなく各地の要衝を抑えてしまった。

首都トビリシなどには手を付けず、サーカシビリ大統領もそのまま執務を続けた。政権を倒してしまえば、明らかな主権国家への侵略と征服になり、国連の安全保障理事会が座視できない。ロシアはそれを冷徹に計算していた。

一方でロシアは、プーチン首相がオリンピック開会式への出席のため不在にするだけではなく、メドベージェフ大統領も夏休みのため保養地にいて、モスクワには双頭のいずれも居なかった。

サーカシビリ大統領は、これも千載一遇のチャンスとして、とらえた。

ところがイギリス海軍の情報大佐でロシア通の人物は言う。「それもロシアの仕掛けた罠だった」

イギリスもアメリカも、それが罠だと後知恵で知ったのだ。

まんまと罠に嵌《は》めたロシアがその後、どうしたか。

ロシアの策謀は、これだけで終わるのか。

いや、とんでもない。

この先こそが本番であった。

ロシア軍がどっとグルジアを侵略したとき、アメリカ国務省のわたしの長い知友は電話で言った。

「だってね、オリンピック開会式の貴賓席に、ブッシュ大統領とロシアのプーチン首相が同席してるんだよ。ロシアでは、大統領になったメドベージェフよりも首相のプーチンのほうが実権を握っているというのが常識だからね、まさかプーチン不在で、実質的なグルジア侵略をやらかすとは思わなかった」

アメリカの驚きはまた、ロシア軍が空爆した、そのターゲットにあった。

グルジア領内にはBTCパイプライン、すなわちカスピ海の石油をロシア領内を経ずしてトルコへ運び、そこから西側諸国に供給するパイプラインがある。

それを、あからさまにロシア軍は爆撃した。

グルジア国軍による南オセチア、アブハジアへの進軍にあたって、西側諸国はNATO軍もアメリカ軍も一切、関与していない。それにもかかわらず、ロシア軍が西側の権益そのもののBTCパイプラインを爆撃したことは、露骨な挑発だ。

ロシアは、「アメリカは軍を動かさない」と明らかに見切っていた。

BTCパイプラインは、カスピ海に面したアゼルバイジャン共和国の首都バクー、グルジア共和国の首都トビリシ、トルコ南部の地中海に面したジェイハン港の三都市を結ぶ全長一七五〇キロのパイプラインだ。ほぼ東京から上海までの距離に当たる。Baku／Tbilisi／Ceyhanの三都市の頭文字をとっている。

グルジア近辺の地図

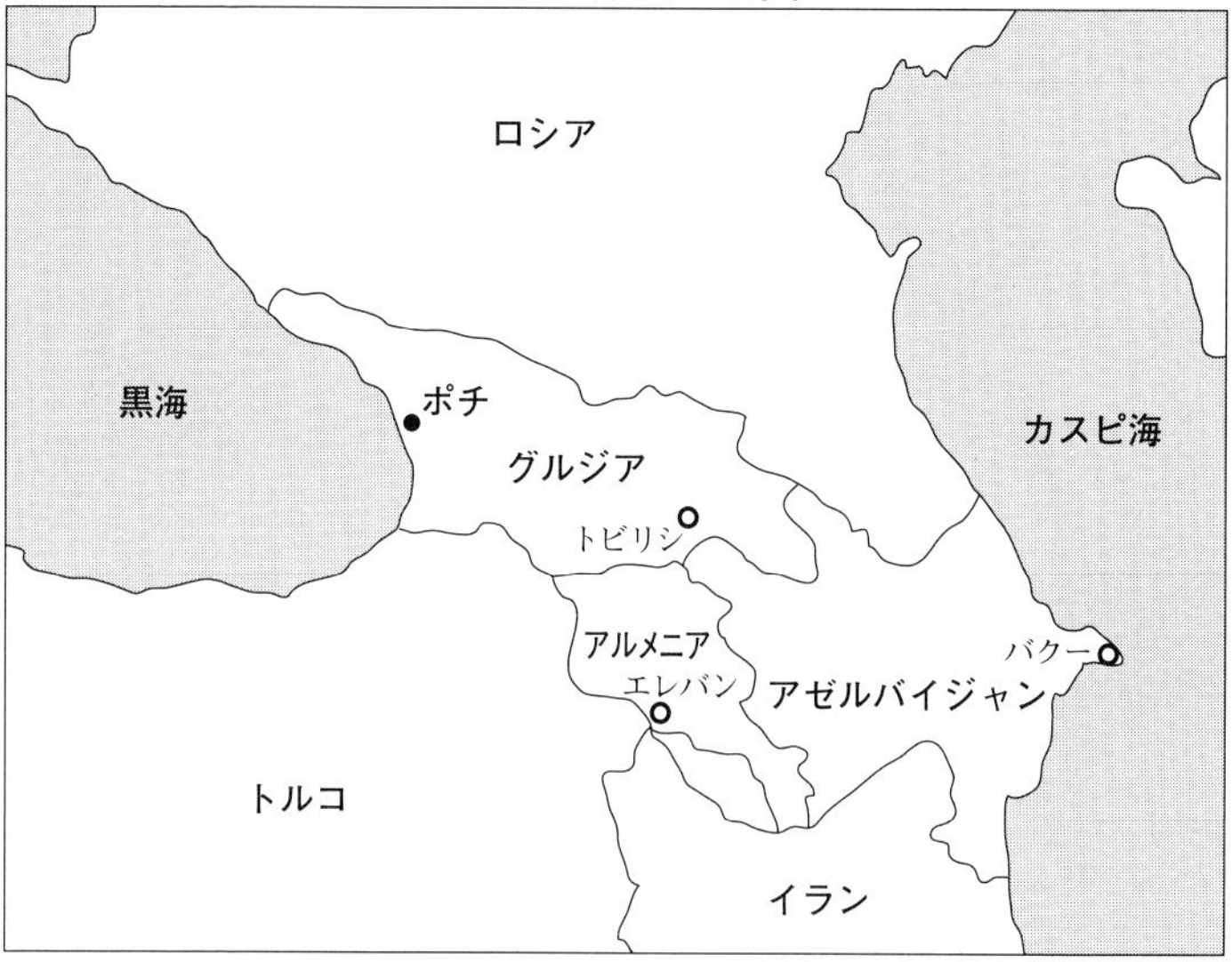

ロシアの双頭体制が読み切っていた通り、アメリカの動きは鈍かった。ロシア軍の戦闘爆撃機はグルジアの軍港をも好きなように爆撃して、グルジア海軍の艦船の多くを、港に停泊したまま沈めた。

さらには市民のアパートや住宅も無慈悲に爆撃し、女性、こども、老人を含むたくさんの市民を殺害した。

グルジア、この国は、古くはローマ帝国領の東の辺境だった。

近代にあって、その名が世界に知られたのは、旧ソ連の冷酷な独裁者スターリンの生まれ故郷としてである。

ソ連邦の一角としてグルジア・ソビエト社会主義共和国を名乗っていたが、一九九一年四月、ソ連の弱体化を見て、グルジア共和国に名を変え、独立を宣した。

そして同年の一二月にソ連邦が解体し、名実ともに独立を達成した。

グルジア共和国のあるカフカス地方（ロシア語の名。英語名はコーカサス地方）、ここは西の黒海、東のカスピ海に挟まれた太い廊下のような地域だ。

東西の民族、文化、宗教が激しく交錯し、古くから紛争が絶えない。

かつてはソ連が支配していたが、ソ連の崩壊後に、豊かな資源の開発が進んだ。

だから、この地域を取り返すことは、ロシアにとっては、もはやメンツだけの問題ではない。「資源を通じて世界をコントロールする」というロシアの現在の国家戦略からして、どうしても欲しい地域なのだ。

アメリカは、冷戦に勝利すると、NATO（北大西洋条約機構）軍の兵力も使って、強力にこの地域に影響力を行使した。そのアメリカナイズ（アメリカ化）を先頭切って受け容れたのが、グルジアだ。

ソ連の崩壊とともに誕生した現・ロシア連邦は当初、深刻きわまりない経済危機に襲われ、兵士に払う給料もなくなった。

だから、このカフカス地方のアメリカ化を非難はしたが、手を出せないできた。

ところがその後、エネルギー価格の急騰で多額の現ナマが入り、兵士の給料が払えるようになったのはもちろん、軍備を急速に増強し、カフカス地域を力で奪い返すチャンスをこしらえようと策を練ってきたのである。

メドベージェフ大統領にとっては、このカフカス奪回で強硬姿勢を貫いて指導力を発揮してこそ、プーチン首相の傀儡《かいらい》に過ぎない存在を脱することができる。

その個人的野望は、アメリカの影響力の急速な後退によって存在感を増すロシアの新しい国家戦略と、ぴたり重なる。

さらには、「強国ロシアの復活」を渇望するロシア国民のナショナリズムにも、完璧に重なるから、グルジア侵略は国民から熱狂的に支持されている。

ウォール街から発火した金融危機が暴露した、アメリカ時代の終わりと、ロシアのうねるような波動とが、これも恐ろしいまでにピタリと重なりあってしまっているのだ。

プーチン首相は賢い。したたかだ。

メドベージェフ大統領の動きを見て、大統領と争うような愚かなことは一切やらず、たとえばCNNのインタビューに登場した。

そして、「グルジア軍の南オセチア、アブハジア侵攻は、大統領選でマケイン候補を勝たせようとするブッシュ大統領の陰謀に違いない」と、大真面目な顔で平然と言ってのけた。

自分たちが罠を仕掛けておきながら、アメリカの陰謀だと、アメリカのメディアに言い張る。

日本を含む西側諸国では、民衆のあいだに陰謀説が、まるで血液型による占いと同じように流行することを知り尽くしているかのようなアクションである。プーチン首相は、しっかり役割分担を演じているのだ。

表の顔は、大統領であるメドベージェフでいい。しかし、国際社会で影響力を自由自在に行使するのは自分だとアピールしている。

この好き放題のロシアの双頭体制に対して、アメリカも、ようやくに腰を上げた。そしてアメリカのアクションが、ロシアの一連の動きを「ロシアン・ルーレット」、すなわち恐怖のギャンブルに変えていく。

第5節　アメリカとロシアが軍事衝突する日

さぁ、ようやく腰を上げたアメリカは、どう出たか。

サーカシビリ大統領が、グルジア国軍を南オセチア、アブハジアに進撃させる作戦を練る際にアメリカのCIA（中央情報局）およびDIA（国防情報局）と極秘裏に協議し、アメリカによる陸上戦力の派遣や空爆は期待できないことを分かっていたことは前に記した。

しかし、そのときサーカシビリ大統領は、ロシア軍がまさかグルジア全土にこうも無遠慮に電撃侵略するとは想像していなかった。

予想外の大規模侵略を受けて、サーカシビリ大統領はあらためてＣＩＡおよびＤＩＡ経由でアメリカに軍事力の投入を要請したが、ブッシュ大統領は首を横に振った。

それでも諦めないサーカシビリ大統領に対してアメリカは、ようやく一つのアクションだけは起こすことを決めた。

それは、最新鋭のイージス駆逐艦マクフォールを中心に小艦隊を編成し、それを地中海から黒海に入れて、黒海に面するグルジアの重要な軍港ポチで人道支援物資、食糧や医薬品を降ろすという計画である。

アメリカは、四軍（陸海空の三軍と海兵隊）のうち、海軍がいちばん動かしやすい。空軍で爆撃すれば、事態は過激に緊迫化する。

そして陸軍や海兵隊の陸戦力を派遣すれば、兵站を含めて維持が大変だし、死者も出る。海軍ならば、「世界の警察官」と自称してきたアメリカらしく、ふだんから世界の海で作戦行動をほぼ自由に展開している。

この作戦行動とは、たとえば中国が台湾近海に弾道ミサイル二発を撃ち込んだとき、世界最強の第七艦隊を、その母港の横須賀から出して台湾海峡あたりで遊弋《ゆうよく》させ、中国を無言で威圧し、中国を凍りつかせて、それ以上の動きを封じたようなアクションも指している。

つまり、実際には戦闘を想定せず、ただ姿をみせるだけで抑止力とするときも、それは作戦行動である。

さらには、ふだん日常的に公海を広くパトロールしているときもまた、作戦行動である。

したがって、海軍なら、極限までは事を荒だてすぎずに、しかも威力充分で動くことができる。

ちなみに、前述のようにアメリカ第七艦隊の母港は、日本国の横須賀（神奈川県）である。この横須賀、あるいは長崎県の佐世保のふたつの街の港を、どちらかひとつでもいい、歩いてみれば日本とアメリカのほんとうの関係の手触りが伝わる。

どちらも、港の真ん中はどっかりアメリカ海軍が占領し、海上自衛隊はその脇にへばりつくように薄く、細く、基地を維持している。

言葉の綾ではない。

実際に、驚くほどに情けない薄さ、細さの土地だけを、この日本の地で、外国であるアメリカにお慈悲で与えられたごとくに、日本国民を護る海上自衛隊は、海に落ちないでかろうじて張りついている。

アメリカ海軍の基地内に入ると、司令部、桟橋、ドック、兵站拠点といった純軍事施設はもちろん、将校クラブから娯楽施設まで、悠々と広く、余裕たっぷりだ。

アメリカ海軍の将兵は、ここはアメリカだろ？　という表情で、その広さを当たり前として歩いている。

わたしは思わず、海軍大尉に、聞いたことがある。それらの施設を一緒に歩いてから、食堂でバーガーを食べていたときだ。

Are you one of our citizens?

直訳すれば、あなたはわが市民のひとりか。

ふつうなら、あなたは日本国民か、あるいは、あなたは日本人かというふうに、このような場合でも聞くところだ。

わが市民か、と聞いたのは、あなたは日本国民と同じような市民権を持ってるつもりで、このように広い土地を堂々と使っているのか、その気持ちがつい、口を突いて出たのである。

アメリカ合州国の若い海軍大尉は、紅顔《こうがん》ともいうべきピュアな表情の顔で、にっこり笑って、いささかの迷いもなくストレートに答えた。

No. I'm just a naval officer.

いえ、わたしは海軍士官です。

彼は、naval officer of the States、合州国海軍士官です、とは言わなかった。

わたしは、この一言を忘れない。

彼は、他国、他の主権国家、他の独立主権国家に来ているという意識はほとんどなかったのだ。

わたしが「あなたは（非軍人の）市民か」と聞いたと受け止め、「いや、見ての通り、海軍士官ですよ」と答えただけなのだ。

まるで同じアメリカ合州国のなかでの会話のように、彼は解釈していた。

『ぼくたちの生まれる前だけれど、日本はアメリカに負けて、占領されたんだなぁ』

わたしは、そう、こころの内で呟いた。

そして、横須賀や佐世保の港を職務で訪れるたび、いつも、その深い自覚が自然にわたしの胸を圧する。


本書の読者のかたがたも、それを見たうえで、たとえば沖縄に行けば、沖縄本島の真ん中は南からずっと北までアメリカ軍が未だに占領したままでいて、日本国民である沖縄県民は、その両脇にへばりついて生きている現実が、よりしっかりと理解されるだろうと思うのだ。


話が逸《そ》れた。

しかし、ほんとうは、逸れていない。

日本がアメリカに負けて、降伏し陸海軍を武装解除したのは、二〇〇九年現在で六四年前のことである。

日本は、律儀に、そのまま負け続けている。

日本は二〇〇〇年間の長きにわたり、ただの一度も外国に負けたことがなく、一九四五年八月一五日に初めて負けたから、勝った相手には必ず従わねばならぬと思い込んでいる。

ソ連であったロシアがアメリカに負けて、冷戦が終わったのは、このグルジア危機のときで一七年前のことだった。

ロシアは、あたりまえの国家戦略として、そのまま負け続けることなど選びはしない。

ロシアは、世界の他の国家と同じく、勝ったり負けたりを繰り返してきたから、勝った時より負けた時にこそ、どうやって自国を守るかを考え、勝った相手をいつ覆すかを常に考えている。

だから、アメリカが弱っていることがみえた時、直ちに行動を起こしたのだ。

アメリカも、それは骨の髄まで分かっている。

だから策士のサーカシビリ大統領が執拗に頼むから、というだけではなく、これも当たり前の国家戦略として、海軍を動かした。


前述したように、ポチの軍港で食糧や医薬品を水揚げして人道支援を行うことが口実になっていた。

しかし、そのポチの軍港では、ロシア軍がまず空爆によってグルジア艦隊を停泊したままほぼ完璧に破壊し、そのあと、ロシア黒海艦隊が入って陸戦隊を降ろし、その陸戦隊がグルジア海軍司令部を何度も何度も襲撃してパソコンから卓上ライトまで略奪する狼藉を尽くし、さらに街へ繰り出して市民のアパートを襲って、略奪だけではなく女性の強姦をはじめとする犯罪行為を日常的におこない、よい住宅があれば、それを「接収」、つまり強奪して兵員のたむろする場所に勝手に変えてしまった。

この地に、アメリカ艦隊が入港して、それらをすべて見逃して、黙って人道支援物資だけを降ろして去っていくのか?

いかに弱ったアメリカ軍とはいえ、そんなことはあり得ない。

すくなくとも港湾施設を不法占拠しているロシア兵とは、一戦を交えることになる。

ロシア軍の側も、アメリカ艦隊の入港を、まるで観光船の寄港のごとく見逃すはずはない。

遅くともアメリカ艦隊が入港態勢をとった段階で、ロシア黒海艦隊は、アメリカ艦隊を攻撃することになる。

アメリカとロシアの軍事力が直接に砲火を交える危機が生まれていたのである。

日本では、政治家、評論家、学者、そしてTVコメンテーターが口を揃えて、この危機を「冷戦の再来」、あるいは「新冷戦」と呼んだが、まさか。

冷戦はほんとうは安全な時代であった。

世界がバランスをとって、二つに分かれていた。

地域戦争はあっても世界戦争ではなく、米ソの間にはあくまでも、弾丸もミサイルも飛ばない政治力、つまり口《くち》の争いと、経済力による戦いがあった時代である。

しかし、ロシアがグルジアを侵したこの危機は、世界が極を失ってカオス(混沌)に陥り、そのカオスの底であまりに多くのプレーヤーが、しかも核を持って、あるいは核を開発しつつ秩序も失って競いあう危機なのだ。

新冷戦などではない。
そんな言葉の遊びではない。

このグルジア紛争は北京オリンピック開会式に合わせて勃発したために、日本のメディアも珍しくよく取りあげて、一時期は関心を集めた。しかし、メディアの関心はまさしくかりそめにすぎず、さらに政府や国会に関心があると感じることは、すくなくともわたしにはほとんどなかった。

ふだんであれば、わたしも実は、贅沢は言わない。

カフカス（コーカサス）地方の一小国、グルジアの運命に、日本が関心を持ち続けるのは難しい。日本はどうせ外交に関心が薄い、と諦めたわけではない。

「ぼくの話は問題提起に過ぎません。この国の主人公として、みんながご自分の頭で考えてくださ い」と繰り返し呼びかけているわたしが、まさか日本を諦めてしまってはいけないから、諦めてはいない。

しかし、期待していても、現実との落差が大きくて落胆し元気をなくしてしまうから、期待もしない。

わたしがこう思うようになったのは、ずいぶんと古い時代からだ。

大学生のときに、魯迅の言葉に目を止めたのを、昨日のことのように覚えている。

日本で学んだ魯迅は、中国の民衆と知識人の絶望的な姿を描いた「阿Q正伝」を著したあと、一九二五年の元旦に「希望」と題した日記をしるしている。

そのなかに「絶望の虚妄なることは、希望の虚妄なることに等しい」という有名な一節がある。

写真でみる魯迅は、まさしくそのような眼をしている。


さて、ふだんなら日本は、グルジア紛争を忘れても、やむを得ない。

しかし今回は、北京オリンピックの開会式とぶつかったおかげで、いったん関心を持ち、そう少なくない国民が『グルジアとは、元はソ連邦の一員で今は親米国家の国なんだ』と知って、その後にアメリカ発の金融危機が起きたのだった。

そうであれば、『ロシアが、アメリカの終わりを感じ取って、アメリカの支配に挑戦したのが、あのグルジア紛争なのかな』と頭のどこかで考えても、いいと思う。

事実、そう考えた日本国民も、決して少なくないだろう。

その通り、グルジア紛争は、黒海でアメリカ艦隊とロシア黒海艦隊が接近するようになった時点から、これがほんとうは世界を変える出来事であることが、鮮明になった。

どのように世界を変えるのか、主に二つある。

第一には、アメリカとロシアの軍事力が直接に衝突する事態があり得る新しい時代が始まっている。

これは冷戦の時代にもなかった。したがって、新冷戦などではない。

オバマ大統領が「対話路線」をとっても、ロシアとの「核なき世界」への話し合いで協調しても、この危機が潜むことに変わりはない。なぜなら、ロシアはかつてのソ連邦の一員だった国を取り返す動きをやめないし、「核なき世界」とは、当面、核の膨大な維持費を減らしたいという米ロの利害が一致しただけなのが真実の姿だからだ。

第二には、第二次世界大戦が終わってから終始一貫、アメリカがドルと軍事力によって支配する時代が続いてきたことが、ついに終わる。第二次世界大戦後の世界が、六十数年を経て、音を立てて崩れていく、その最初の発破《はっぱ》がグルジアの戦火だったのだ。

世界の諸国のなかで、日本国ほどアメリカに追随してきた国はない。

したがって、日本がこの最初の発破の音を聞き逃したままでいれば、崩れてくる巨岩の下敷きになって、いちばんペチャンコになるのも、またこの日本である。

だから、グルジア紛争は徹底的に分析せねばならない。

さぁ、眼を二〇〇八年八月下旬の黒海に戻そう。

アメリカ海軍は、最新鋭のイージス駆逐艦マクフォール（八〇〇〇トン）、それに揚陸指揮艦のマウント・ホイットニー（一万八四〇〇トン）などで構成する小艦隊を地中海から派遣し、この小艦隊はエーゲ海、ダーダネルス海峡、そしてマルマラ海、ボスポラス海峡を経て、八月二二日の夕刻、黒海に入った。

このアメリカ艦隊のうち、マウント・ホイットニーは、ふだん地中海に展開しているアメリカ海軍第六艦隊の揚陸指揮艦だ。

揚陸指揮艦とは、艦隊全体の指揮・統制と通信の確保を担う、いわば浮かぶ司令部である。海兵隊を搭乗させ、敵地に上陸させる機能も併せ持つ。

したがって、アメリカは「いざとなれば第六艦隊全体を黒海に入れるぞ。司令部船であるマウント・ホイットニーや、最新鋭の戦闘イージス艦マクフォール（同じく第六艦隊所属）を今、黒海に入れるのは、その準備であり、警告でもある」という明確なメッセージを、ロシアと世界に対して発していたのである。

このアメリカ艦隊を迎え撃つ形になったロシアの黒海艦隊は、八月初旬にすでに、母港であるセバストポリ軍港を出港していた。

セバストポリ軍港は、ウクライナの黒海に面した港だ。古くから軍事上の要衝である港として知られ、ソ連時代には外国人が一切、立ち入れない軍事閉鎖都市であった。ソ連崩壊によって独立したウクライナは、二〇一七年五月までの艦隊退去をロシア政府に要求し、ウクライナとロシアの紛争の種の一つとなっている。

出航したロシア黒海艦隊は、ほとんど真っ直ぐに、グルジアの軍港ポチを目指した。

そしてロシア空軍がポチを爆撃して、港内のグルジア艦隊を破壊したあとに、この黒海艦隊はポチに入り、陸戦隊が上陸してグルジア海軍司令部や街の要衝を占領し、港を中心に強固な陣地を構築し

揚陸指揮艦「マウント・ホイットニー」(http://www.navsource.org/に申請、転載)

た。

そして艦隊本隊は、ポチ港の近海を威圧しつつ、遊弋していた。

しかしこのロシア黒海艦隊は、六隻保有しているとみられるミサイル駆逐艦はいずれも旧式で、もしもアメリカ小艦隊と戦えば、最新鋭イージス艦マクフォールただ一隻によってすべて撃沈される可能性が高い。

それでもロシアは簡単に引くわけにいかなかった。

なぜなら、冷戦の時代から、アメリカは地中海の第六艦隊を黒海に入れて、そこから空母の艦載機を発進させてソ連本土の奥深くを攻撃する計画を持ち、その想定による演習も行ってきたからだ。

逆に言えば、ここでロシアとアメリカがどのような動きを見せるかによって、衰えたとされるアメリカの現在の力の程度が分かる。

日本を除く世界の主要国がこの二〇〇八年の夏、黒海を息を呑んで注目していた、ほんとうの理由の一つが、ここにある。


ロシア軍は、軍港ポチに新たに戦車一五台と軍用トラック三〇台で構成した陸軍部隊を投入した。つまり、艦隊戦で仮に負けてもポチを明け渡さない意志を示したのだ。

一方で、ロシアは八月二二日、グルジア国内の戦闘地域から兵力撤退を完了したと発表した。世界の目をそちらに向けさせようとしたのである。ロシアは、あくまでも、したたかに振る舞っていた。

グルジアのラジオ放送は「ロシア軍は、ポチでは不法占領を続け、それどころか戦力を強化している」と懸命に繰り返し伝えて、アメリカの支援を訴えた。


こうして黒海の緊張は最高潮に達した。アメリカの小艦隊とロシア黒海艦隊が刻々接近し、史上初めて米ロが直接交戦する恐れが膨らんでいく、その時。

黒海艦隊の旗艦モスクワが、それまで遊弋していたグルジアの軍港ポチの沖合から突然、転進し、北上した。

そして、アメリカの小艦隊は逆に南下して、それまで目指していたポチへの進路を外れ、南部のバトゥーミ港に入港した。

まさしく、一九六二年のキューバ危機と同じく、米ロの双方が政治判断によって軍事衝突を回避したのだ。

公表はされていないが、ブッシュ米大統領（当時）とロシアのメドベージェフ大統領、プーチン首相とが「双方が譲る」ことで実質的に合意したことが背景にある。


しかし、ロシア軍は一方で、陸上においては戦車一五台と軍用トラック三〇台に分乗した陸軍歩兵部隊をポチに送り込み、むしろポチ軍港の実質的な支配を強化した。

洋上でもしも米ロが戦えば、黒海艦隊に所属するミサイル駆逐艦のすべてである六隻および旗艦モスクワが、アメリカの最新鋭イージス艦マクフォールたった一隻によって全艦、撃沈される可能性が高かった。


アメリカは陸上部隊を派遣しないし、ロシアの陸上部隊に対する空爆も行わない。

すなわち陸軍、海兵隊、空軍はいずれも出動しないということを、ロシアは見抜いてもいた。

したがって、黒海艦隊は北上させてアメリカの小艦隊との衝突をさりげなく避け、同時に陸兵を増強して、軍港ポチの支配を逆に確実なものにしたのである。

これは、ロシアの実質的な勝利と言っていい。


それでも、バトゥーミ港へのアメリカ海軍入港を、グルジア国民は救世主がやってきたかのように歓迎した。

イージス艦マクフォールは、バトゥーミ港の沖合に停泊し、食糧や医薬品といった人道支援物資を陸揚げするだけではなく、上陸艇（小型ボート）を次々に出して、乗組員を上陸させた。

そこにロシア軍の姿はなかったから、戦闘のためではない。

また乗組員の休息のためでもない。

アメリカ軍のプレゼンス（存在感）を、せめても国際社会にアピールするためだった。

この乗組員たちを、バトゥーミのグルジア国民とグルジア兵は熱狂的に迎え、杯を差し出し、乾杯を乗組員と交わして、大はしゃぎをした。

「グルジアの領土を侵略しているロシア軍は国外にすぐに出ていけ」（若いグルジア兵）、「NATO加盟はグルジア民衆の願いだ。アメリカによる人道支援も、精神的な支持もありがたい。黒海でこうして緊張が高まっているからこそ、国際社会でロシアをどうやって止めるかということを話し合ってほしい」（中堅ビジネスマン）

ロイター電は、こうしたバトゥーミ港での声を伝えた。

黒海でこの緊張の続くさなか、九月一五日にリーマン・ブラザーズが破綻し、金融危機が勃発して、アメリカの力の衰えが天下に晒されることになった。

ロシアの生の動きに詳しいイギリス海軍の情報大佐は、「ロシアはご満悦だよ、われらはアメリカの弱体化を先取りして的確な行動をグルジアに起こしたのだというわけだね」と、わたしに語った。

そして、ロシアはどこまでも、したたかである。

二〇〇八年一〇月九日に、グルジア領内のロシア軍の大半を一気に、撤収したのである。

これを見て国際社会は、バトゥーミ港のグルジア国民の声とは裏腹に、ロシアに対して軟化した。

なかでも日本の新聞は「フランスのサルコジ大統領が仲介した和平合意、それがようやく実行された。よかった」と歓迎する社説を何社も掲載したが、あまりにも甘い。

ロシア軍は実は、グルジア領内の南オセチア自治州、そしてアブハジア自治共和国に入っている部隊は、大幅に増強した兵力のまま、維持している。

グルジア領内からは撤収した。そんなことは当たり前だ。グルジア共和国は、主権国家なのだから。

ところが、その撤収とさも引き替えのように、南オセチアとアブハジアの実効支配は強化し、固定してしまった。そう遠くない時期に、この南オセチアとアブハジアから「自治」の虚名も取っ払ってしまい、ロシアに併合していくだろう。

そして、それこそを「大ロシア復活」の具体的な第一歩とするのだ。

冷戦で勝ったアメリカに「奪われた」と、ロシアが解釈している東ヨーロッパ、黒海沿岸国、カスピ海沿岸国、中央アジアの諸国を、かつてソ連邦の一部ないし属領であった時代に引き戻そうという、あまりに重大な目的に向けて、ロシアのリアルな歩みが始まっている。

ところが、日本のメディアには「この時代だから、ロシアも国際協調を最優先するだろう」という恐るべき楽観論があふれている。

なぜか。

ロシアも金融危機の直撃を受け、ロシアの株式指標であるＲＴＳは一時、壊滅的な下落を記録した。また金融危機のために投機マネーが、なりを潜め、そのために起きたエネルギー価格の大幅下落も、ロシア経済に大打撃となっている。

日本の主要新聞は、だから、「ロシアが領土復活を仮に狙っていても、この金融危機のさなかでは国際協調をもっとも重視せざるを得ないはずだ」という論調の社説を掲げている。

なんたることか。話が逆さまなのだ。

ロシアは、こうした内部危機を抱えるからこそ、カフカス地方を軸として中央アジアや東ヨーロッパの旧ソ連邦諸国への野心的行動を強めていく。

その野心と軍事行動に、ロシア国民は必ず喝采を送り、メドベージェフとプーチン双頭の独裁体制は「国民の関心をそちらに向けさせることができる」と考えるからだ。

たとえば、ロシアはすでにグルジアと黒海を挟んだ反対側（西側）の沿ドニエストル・モルドバ共和国に陸軍部隊を秘かに増派し、属国化しつつある。

そして、ロシアの黒海地方における真のターゲットはウクライナだ。

ウクライナは、黒海の北岸に広がる大国である。ソ連の一部だった時代にチェルノブイリ原発事故の悲劇に襲われた。

チェルノブイリ原発は、ウクライナの首都キエフから北方へ、わずか一一〇キロしか離れていない。

わたしはチェルノブイリ事故のあとにウクライナに入り、首都キエフ市内でチェルノブイリへと続く河のほとりに立ったとき、周囲にいたウクライナの政府要人、軍幹部にソ連への根深い憎しみを強烈に感じた。

また、市内を歩いたとき、一般国民にも同じロシアへの憎悪を感じた。

ウクライナは、今でも原発大国で、原発の安定電源を活かした重工業国家だ。

それだけにチェルノブイリ原発事故のとき人命を粗末に扱ったソ連の体質を、今に生きるロシアの体質と捉え、許してはいないのだ。

そのために、ウクライナは、旧ソ連邦から独立した諸国のなかでも、もっとも親米色の強い国となった。

そのウクライナに対してロシアは軍事作戦ではなく、したたかな「分断作戦」で臨んでいる。

ウクライナの親米連立政権は、親ロシア派にダイオキシンの毒を盛られて顔が変形したことで知られるユーシェンコ大統領と、美しい女性の野心家として有名なティモシェンコ首相による連立だった。

ところが、ロシアはティモシェンコ首相に対し、ロシアからの天然ガスの供給について独占的な取引権を与えるという、露骨な取り込み作戦に出て、ティモシェンコ首相はまんまとこれに食いつき、親米から親ロシアに政治姿勢を一変させた。

軍事力と併せて、エネルギーを巧みに使って他国の支配を図る、このようなロシアの戦略は、日本に対しても適用されている。

巨大な資源開発である「サハリン2」がついに二〇〇九年から、日本に向けてタンカーでLNG（液化天然ガス）の出荷を開始した。

さらには、パイプラインも開通していく。

ロシアは、ウクライナやドイツに対して、パイプラインの栓の開け閉めで影響力というより支配力を強めているが、まったく同じ戦略を、日本に向けているのである。

このロシアの動きを、むしろ上手に利用しようとしているのが、中国だ。

ロシアがグルジアとウクライナに攻勢を仕掛けている、そのすきに、黒海の東、カスピ海のさらに東に広がる旧ソ連邦の諸国、カザフスタンをはじめとする資源大国に攻勢を仕掛けている。

ロシアも、カザフの石油、天然ガス、そしてウランに手を伸ばし、カザフの隣国で天然ガスの豊かなキルギスとは、ロシア空軍の駐留で合意を取り付けている。

しかし中国は、ロシアの主たる力は当面、グルジアとウクライナに振り向けられると読んでいる。

そして中国も金融危機の直撃によって企業倒産、工場閉鎖に苦しみつつ、水面下で中央アジア諸国に莫大な援助をおこなうことによって取り込むという外交攻勢に出ている。

ロシアは、こうした中国の動きに注意を払いつつも、当面の最大テーマとして「弱ったアメリカを叩く」という戦略に徹している。

メドベージェフ大統領は、オバマさんが次期大統領（当時）となった直後の二〇〇八年一一月五日に、年次教書演説を行い、そのなかで、アメリカと日本を含む同盟諸国のミサイル防衛（MD）に対抗するため、新型の地対地ミサイルシステム「イスカンデール」を配備することを決定したと明らかにした。

配備する場所は、ポーランドとリトアニアの間に挟まれて存在する、ロシア領の飛び地であるカリーニングラード州だ。

ポーランドはまさしく、アメリカのブッシュ政権がMDを配備すると決した国であり、メドベージェフ大統領の演説は、ストレートな挑戦だ。


日本では、オバマ大統領は平和主義者ではないかという思い込み、あるいは根拠のない期待感がある。

だが、そのオバマ大統領はこのメドベージェフ大統領演説の直後である二〇〇八年一一月八日、すなわちまだ就任式まえで「次期大統領」だった当時に、ポーランドのカチンスキ大統領と電話会談し、「ポーランドなど中欧へのMD配備を推進する」と強調した。

オバマ大統領とロシアの双頭の独裁者の、一筋縄ではいかない多面の戦いが、このときにすでに始まっていたのである。

オバマ大統領はそのあと、チェコのプラハで「核なき世界を」と訴える演説をおこない、ロシアのメドベージェフ大統領の背後にいるプーチン首相が、これを歓迎した。

すなわち、ロシアと核軍縮をめぐって新しい協調を模索するためには、そのまえに、かつてのソ連衛星国へのMD配備というロシアがいちばん嫌がり、いちばん刺激される強硬な話を持ち出してみせる必要があったのだ。

そして、その「核なき世界」とは、実際には「維持費のかかり過ぎる核を減らしましょう」ということである。だからこそロシアのプーチン首相も乗り気なのだ。核兵器はとにかく維持費が莫大だ。日本では「核さえ持てば防衛費が安あがりになるのに」という幻想があるが、持たざる者の思い込みだ。自国の核基地の安全を確保するために、完璧な維持管理体制をとり続けねばならないし、核の劣化も進む。アメリカもロシアも今や、おカネがないから話が前進している。

しかし、いずれ核の削減は止まる。中国の核弾頭数を下回るわけにいかず、その中国は核を捨てることなどありえないからだ。

この実態を知りつつ「核なき世界を」と平然とアピールできる男、バラク・オバマさん。平和主義者どころか稀代の演技者、最悪の場合は詐欺師の性格を持つ自己陶酔者かもしれない。

その可能性をわたしたちは静かにじっと見ている必要がある。

日本は、同盟国アメリカと、隣国ロシアのこの新しい鬩《せめ》ぎ合いを、どう見ていたか。

日本では、ハワイアンダンスを踊ってオバマさんを歓迎しようと一生懸命の福井県オバマ市、いや小浜市ばかりが目立っていた。

その小浜市の海岸は、日本の子供二人が北朝鮮工作船に乗せられて誘拐された現場である。

拉致被害者の地村さんご夫妻は、小浜市民として誘拐され、ようやくに帰国した今も小浜市民であることを、世界がむしろ知っている。

オバマ大統領は、その正式就任のまえにいち早く、ブッシュ政権の北朝鮮へのテロ国家指定解除を「適切な対応」と高く評価してしまった。

それにもかかわらず、日本の拉致の現場ではこの様子であったことも、世界はじっと見ていた。

オバマ大統領への素朴な期待感をあらわす時は、もはや、とっくに去っている。

アメリカがもはや世界の支配者でなくなるからこそ現れた初の黒人大統領であることのリアルな意味を、わたしたちは、しっかりと掴みたい。

オバマ政権は、これまでアメリカ合州国の柱であった「軍事力をバックにした強い姿勢」と、新しい「対話主義」の、そのあやういバランスをとろうと実際は脂汗を流している政権だ。

その、ぐらつく足もとを北朝鮮にも、北朝鮮の数少ないパートナーであるイランにも、見透かされていくだろう。

北朝鮮は二〇〇九年四月五日に、ふたたび大型の弾道ミサイルを打ち上げ、五月二五日には二度目の地下核実験をおこなった。

いずれもイランから軍将校や核の専門家が派遣され、現場に立ちあった。北朝鮮から技術を買うためである。

イラン政府は「北朝鮮とこうした関係にない」と繰り返し強調していることはフェアに記しておく

が、日本の外事に関するインテリジェンス、そして米英仏、さらに韓国の情報機関は「イランと北朝鮮の核をめぐる密接な共犯関係は、加速がついて深まっている」という見方で、ぴたりと一致しているという現実がある。

そのイランは二〇〇九年六月の大統領選で、強硬派のアフマディネジャッド大統領が再選されたが、反大統領派の地元には投票用紙が届かないといった不正が露見した。

そのために激しい反大統領運動が起き、これを抑えるために革命防衛隊というイラン特有の精鋭軍部隊の発言権が増幅した。アフマディネジャッド大統領は、この革命防衛隊の出身だ。

イランは、たとえばわたしが訪れた二〇〇五年は、すでにアフマディネジャッド大統領の施政下にあったが、テヘランの街を歩く女性は、ヘジャブ（イスラームの女性が被るスカーフ）は明るい色のものがあり、被りかたも髪がおおむね隠れているだけで顔はすべて出ていた。

イスラーム革命の過激な国という欧米がつくったイメージとは裏腹に、ほかのイスラーム諸国よりも明るさがあった。

ところがこの二〇〇九年の大統領選をめぐる騒乱をきっかけに、軍事国家への道を歩きはじめた気配がある。

それは、いわば断末魔としてますます先鋭な軍事国家となっていく北朝鮮と不幸にも歩調が合う。

この北朝鮮・イラン軍事国家同盟が利用するのが、オバマ政権の「対話路線」、すなわち手を出さないアメリカだ。

アメリカが、まず北朝鮮の核を実質的に容認し、それをテコにイランも核開発を加速させる。そのために、仮に北朝鮮が崩壊してもなお、アジアから中東にかけて小型核の拡散が兆すという新事態は続くことになるだろう。

第4部　連帯

先ほどわたしは、日本国民が拉致された現場の福井県小浜市に触れた。それは小浜市民を批判したのでは、まったくない。無理にかばって、そう言うのでもなければ、小浜市民から恨まれるのが恐くて言うのでもない。

前述したように、拉致被害者の地村さん夫妻もまた、まさしく小浜市民であり、また一般の小浜市民にとっては、地元、ふるさとが拉致の現場としてだけ知られるのは、いかにも辛いことだろう。

日本のマスメディアが、小浜市がハワイアンでオバマ大統領を歓迎しようとしたことを浮かれて報じ、それが、日本でほんとうは拉致事件を風化させようとする、決して少なくはない政治家らの動きと表裏一体になってしまっていた、それこそが問題なのだ。

わたしは、こういう日本だからこそ、ふつうの生活者が立場を超えて連帯するときが来ていると考えて、行動している。

第1節　高僧からの書き込み

二〇〇八年四月五日土曜日のこと、わたしは大阪の関西テレビのスタジオにいた。

関テレに「ぶったま！」という土曜午前の情報番組があり、わたしはその番組で三〇分を超えてニュースの本質を、立って話すコーナーを持つようになっていた。

最初からそういう番組参加（出演）だったのではない。気がついたら、いつのまにか前で立って話すようになり、最初は数分だった話が三二分や三三分にまで許されるようになった。

話を面白くして言っているのではない。ほんとうに自然に、伝えるべきを伝えようとしていたら、この長さになったのだ。一分どころか一秒が絶大な意味を持つテレビメディアでは、まさしく異質なことだ。関テレのプロデューサーによれば「民放、NHKを問わず、日本のテレビで一度も起きたことのないことが起きてるんです」という。

よく言われるのは「青山さんは大阪のテレビでは自由に話しているんですね」という感想だが、とんでもない。わたしが東京と大阪で言うことを変えるのなら、どなたもわたしをもはや信じないほうがいい。

そのように言われるかたが、おかしいと言っているのではない。番組に出るひとによっては、確かに、東京と大阪で言うことを変えるひとがいるのだろう。東京は全国放送だから言うことを遠慮して、大阪では何を言っても大丈夫そうだから、という発想なのか。その発想そのものが不可思議だ。大阪のテレビでも日本の当局はもちろん、北朝鮮や中国の情報当局は完璧にマークしているし、一般の視聴者も、すこし注目度の高い番組や発言ならば、合法ではないとはいえネットの動画ですぐに視ている。

話を戻すと、わたしが「関西テレビでは自由に話している」のではなく、関テレの自由自在の姿勢のおかげで、気がついたら、東京のキー局ではあり得ない充分な時間を確保して、視聴者に話をできるようになっていた。

そこはさすがに大阪である。

地方分権をいうのならば、この柔らかな頭の関西に、もういちど首都を戻すことがあってもいいのかもしれない。

さて、その「ぶったま！」のスタジオにいた土曜日である。

わたしはチベットを取りあげた。

そして、ただ取りあげるだけではなく、ひとりの高位の僧侶を招いていた。

チベットは、仏さまの国であり、それが中国共産党と、国家国民ではなく共産党の軍事組織である人民解放軍に圧せられているからこそ、チベットでは僧侶たちが直接行動に出たのである。

では世界の仏教者はどうするのか。

とくにチベット仏教と縁の深い日本の仏教者に、そのみずからへの問いかけが起きていた。

そして、兵庫県姫路市の名刹、書寫山圓教寺の執事長という高位の僧から、わたしの個人ブログに書き込みがあった。

それまで、なにかの繋がりがあったわけではない。わたしの個人ブログも、大々的に広めたりしているわけではまったくなくて、ごく地味にやっているだけだが、コメント欄に嫌がらせの書き込みは少なくない。

あきらかに意図的に事実に反する捏造の話を書き込んでくるケースもある。個人というだけではなく組織的な工作が十二分に感じとれるケースもある。しかし完全にオープンにしている。

そのコメント欄に、二〇〇八年三月二二日のこと、ひとりの僧侶からの書き込みがあった。

それは、チベットの首都ラサで、その年の三月一〇日にチベットの独立回復を求める市民と僧侶のデモが発生し、それが騒乱となり、三月一六日までに武力で鎮圧されてから、一週間が過ぎた当時であった。

コメントには「チベットについて」というストレートなタイトルが付けられ、書き込みをしたひとの氏名欄には大樹玄承《おおきけんじょう》とあった。

この氏名欄に実名を書くひとは、ネット世界の常として、ほとんどいない。

わたしはその大樹玄承という名を眼にしたとき、僧侶かな、それとも僧侶風のハンドルネーム（ネット上でみずから付けるニックネーム）かな、どちらだろうと思った。

書き込みは、こうだった。


（引用開始）

二〇〇八年三月二二日一六時一八分二秒
こんにちは。初めまして、私は姫路市にある山寺の圓教寺と言うところの僧侶です。TVでのチベットのお話について、その日は聞くことができませんでした。

私は抗議をしようと思っています。今までもチベット、ダライ・ラマ法王について、意見を持ちながら同じ仏教徒として何もしないまま来てしまいました。

うちは天台宗に属していますが、恐らく他の教団同様に何もしないと思います。

今回は一文をしたためて、地元神戸新聞にそういう投稿の枠があるのでそれを利用できればと思っています。知り合いの記者に、どうすれば良いか助けてくれ！　と電話したら、それを教えてくれました。

上と相談すると言うことでしたから、決定ではないのです。

今原稿を書き上げたのですが、はっきり言って怖いのです。

素人がＮＥＴやＴＶ、新聞程度でしか得ていない知識で正義感ぶって、自分が恥をかくことが怖いのではなくって、一部の人に迷惑をかけることになるのですね。天台宗とか、宗務庁とかですね。

でもこれを言い出すと、結局何もできなくなってしまう。

効果的な方法、間違いのない情報を得た上で、私は声を上げたいのですが、時間が経つばかりで、イライラしています。独研ではそういうサポートをしてくださるのでしょうか。

（引用ここまで）


わたしは一読して驚いた。

わたしの卒業した淳心学院中学・高校は兵庫県姫路市にあるから、圓教寺は知っている。

山寺と書いてあるが、きわめて格の高い書寫山圓教寺であり、すこし調べるとすぐ、大樹玄承さんは実在の僧であるだけではなく、執事長という高位にあることも分かった。

その高僧が、実に直截なおっしゃりかたをされている。

コメントの文中にある「ＴＶでのチベットのお話について、その日は聞くことができませんでした」というのは、わたしが関西テレビでもうひとつレギュラー出演している番組、これは報道番組の「アンカー」でチベットについて話したことを指している。

そのあとに高僧はいきなり「私は抗議をしようと思っています」と書いている。

そして「今までもチベット、ダライ・ラマ法王について、意見を持ちながら同じ仏教徒として何もしないまま来てしまいました」と率直な悔悟のことばがある。

わたしは正直、感嘆した。まるでひとりの純真なこどものような書きぶりである。胸に真っ直ぐ、そのお気持ちが、ぐいと入ってくる。

高僧は続けて「うちは天台宗に属していますが、恐らく他の教団同様に何もしないと思います」と書き込んでいる。

わたしはふたたび、感嘆した。

わたしは共同通信の記者時代に、京都支局で宗教担当を経験している。世界に宗教記者会というものは二か所しかないそうだ。バチカンと京都である。

そのひとつに京都で属してお寺や神社を毎日、回って歩いた。だから仏教界の長幼の序が厳しい空気、あるいは上意下達の仕組みをそれなりに知っている。

この僧が、高僧とはいえ、いや地位を守らねばならない高僧だからこそ、みずからの天台宗をはじめ日本仏教界の大教団がチベットでの仏教弾圧について沈黙を決め込んでいる実態を、ずばり批判している。

わたしは眼を疑い、さらに次のこの一文でも長嘆息した。

「……はっきり言って怖いのです。（中略）自分が恥をかくことが怖いのではなくって、一部の人に迷惑をかけることになるのですね。天台宗とか、宗務庁とかですね」

これも何と率直な表明だろう。

わたしは正義の人であると胸を張るより、まさしく正直に、宗派の首脳陣に迷惑をかけたり、あるいは宗派から罰を受けることが怖いと、話している。

そのうえで「でもこれを言い出すと、結局何もできなくなってしまう。効果的な方法、間違いのない情報を得た上で、私は声を上げたいのですが、時間が経つばかりで、イライラしています」と、実行動への明確な意志が表明され、「独研ではそういうサポートをしてくださるのでしょうか」とある。助けを求めているのだ。

独研（独立総合研究所）はシンクタンクであるから、この手助けには馴染まない。

わたしが、独研社長としてではなく、個人として、ひとりの市民として助けるべきだと即、考えた。

ちなみに、このコメントが付けられていた、わたしのブログ記事は以下のようだった。

（おのれのブログ記事から引用）

勇気

いま春分の日、3月20日の未明2時8分。

広島県は呉市のホテルにいる。

雨もやんで、軍港の街は、水辺に灯りを映して静まっている。

去ったばかりの昨日、19日の水曜日には、いつもの水曜と同じく大阪で関西テレビの報道番組「ANCHOR」の生放送に参加し、ぼくのコーナーではチベットの反乱をめぐって話した。

コーナーは、テレビ番組としては長い15分ほどが割り当てられているのだけど、それでも、いつものことながら時間が、ない、ない、ないのだ！。

カメラの背後のフロア・ディレクターや番組ディレクターが、時間切れという趣旨を書いた紙をかざして、ぼくの目を惹きつけようと懸命だ。

スタジオ内に「時間が足りなくなるっ」という異常な緊張が満ちるのを肌で感じながら、それは視聴者には関係のないことだから、視聴者に最低限、伝えるべきはどうにか伝えたいと、内心ではひそかに冷や汗を流しながら、言い足りないところを残しつつも話し終えて、どうにか時間内に収まったと、ほっとして、最後に「中国を一方的に非難するんじゃなくて…」と言いかけたら、キャスターのコメントが入って、ぼくは言葉を飲み込んだ。

コーナーの最後は、やはりキャスターや、ほかの出演者の自由な語りがあってほしいし、そのキャスターのコメントは印象深い、明快なコメントだったから、ぼくが言葉を続けられなくても、それはそれでいい。

ただ、ぼくが「中国を一方的に非難するんじゃなくて…」の後に続けたかった言葉は、「事実をあくまでもフェアに観て、考えたいのです」ということだった。

ひょっとして視聴者には、「中国にも言い分はある」と青山は言葉を続けようとしたのかと、誤解するひともいるかなぁと、関西テレビから新大阪の駅に向かうタクシーのなかで気になった。チベット民衆の反乱をめぐっては、中国にもそれなりの言い分があるなどと偽善的に認めるわけにいかない。日本が日本であるように、チベットはチベットであり、中国ではないのだから。

ま、テレビの番組に参加したあとに、ああ言えば、もっと伝えるべきが伝わったのにナァと後悔するのは、いつものことです。

ただただ、ぼくがまだ下手くそなだけ。

コーナーは、今回が98回目だった。１００回まで、あと2回。

このごろ、「コーナーをみるうちに、自分の頭で考えるようになった」という趣旨のｅメールや書き込みをいただくことがあるのは、魂から、うれしく感じる。

きのうの生放送のあと、少年時代にプラトニックな女ともだちだったひとから「あのコーナーで、自分には関係ないと思っていた政治に、目を向け耳を傾けられるようになった」というｅメールをもらって、自分の下手くそぶりを悔いる気持ちが、やわらいだ。

ありがとうっ。

そして、へたっぴで、ごめん。


いつもは関テレから帰京するのだけど、きのうは新幹線で広島へ。

車内で原稿を書いているうちに、新幹線が強風で遅れていると知って、広島駅に着くと、同行の独研・自然科学部長といっしょにダッシュで走って、在来線の普通電車へ。

思いがけず、満員電車。

それに揺られつつ、またモバイル・パソコンを開いて原稿を書き続け、呉駅で降りた。

もう夜の10時になろうとしていた。春の小雨が降っていた。

きょう夜が明けると、呉から江田島に移動する。

桜は、すこしは咲いてるかなぁ。

江田島には、海上自衛隊の幹部候補生学校がある。

海軍兵学校であった帝国海軍の時代には、イギリスのダートマス、アメリカのアナポリスと並んで世界の三大海軍兵学校と呼ばれた。

その江田島で、幹部候補生たちの卒業式に列席する。

もちろん、海上自衛隊と何の利害関係もない。

なぜか招待状をいただき、お受けした。

正直、この3月の年度末の季節は、すべてのシンクタンクにとって地獄の季節だ。

ありとあらゆる調査・研究プロジェクトが報告書の締め切りを迎えるから。

東京へ帰らずに西へ向かっている場合じゃない。

誇張じゃなく、1分1分を惜しんでも、まだ、まったく時間が足りない。

徹夜の続く夜に、ふとぼんやり、おのれにはひとつの身体、ひとつ分の時間しかないのだから、どうやって割り振っていけばいいのかと、呆然とすることもある。

だけども、この卒業式への招待だけは、どうしても受けたくて、受けた。

もしもぼくが戦前に生まれ、戦前に思春期を迎えていたら、作家になるか、海軍軍人になるか迷い悩んだあとに、おのれひとりで、ものを書いているわけにいかないと、この江田島の海軍兵学校を受験し、幸いにして難関をとおれば、どうにか卒業して海軍少尉となり、戦闘機に乗り、そして、そそっかしいぼくはあっという間に、昇進も、ろくな戦果もないままに、さっさと戦死しただろう。

これはつまり、かつて、わが母が唱えていた説でもある。

「だからね、今のあんたの苦労なんて、さしたることもない。生きてるんやから」

その思いがあるから、江田島の卒業式への招待を初めていただいて、即、受けた。

さて、今朝も早起きせねば。

あと2時間ほど経って身体が要求すれば、仮眠しよう、いろんな後悔は、うずめて。


そして夜が明けて今朝に会う、卒業生たちよ、もののふの誇りもて遠洋練習航海に旅立ってほしい。

イージス艦の衝突事故で深く傷ついた海上自衛隊よ、悔いが希望を生む。

いつの日か、この国の永い2千年の歴史で初めて、国民軍が誕生し、国民海軍となる。その日に備えて、謙虚に、フェアに、わたしたち主権者とともに歩もう。


あらためて、思う。

テレビ番組に参加するときも、ただ、ほんらいの目的に集中したい。

スタジオにいるときの、ほんらいの目的とは、ひたすらに視聴者、国民に伝えるべきを伝える。それだけだ。

おまえがどう、みられるか、できればカッコよくしたい。そんな偽の目的は、命を曇らせる。

そして、番組にはさまざまな制約があり、番組スタッフのためにもさまざまな配慮が欠かせない。

それは、大切に踏まえつつ、ほんらいの志は貫こう。

たとえばチベットの反乱をめぐる、ほんらいの志、それは仏とともに生きてきた優しい心根の民衆の、チョモランマの朝のような勇気を支えることにある。

（引用ここまで）


わたしのこうしたブログ記事には、アクセスしたひとびとから驚くほど多数のコメントが付けられることが少なくない。

しみじみと共感してうれしいコメントもあれば、ほんとうは直接、書き込んだ人物に問いただしたい嘘と嫌がらせのコメントもある。

しかし、このように直接行動への手助けを、しかも実名で求められたのは初めてだった。

わたしは、これに応えるために次のような記事を書き、ブログにアップした。原稿の締め切りとアポイントメントが強烈に立て込んでいて、正直なところ、独研の秘書さんには見えないようにと願いながら、書いた。

といっても秘書さんもブログの良い読み手でいてくれるから、すぐにバレるし、独研の秘書陣はふだん、家族よりもいちばん、ぼくの身近にいてぼくのすべてを理解してくれているから隠す意味はなかったが……。

（おのれのブログ記事から引用）

急ぎ、お答えします

いま、3月22日土曜日の夜9時すぎです。

大阪で関西テレビ「ぶったま」の生放送に参加し、それから東京にとって返してテレビ朝日「TVタックル」の収録を、またまた、いろいろ失敗しながらもどうにか終えて、久しぶりに帰宅したばかりです。

いくつかの書き込みに、急ぎ、お返事する必要がありますね。

あすの日曜朝早くに、長野県松代町の明徳寺でひらかれる栗林忠道将軍の法要（と講演）へ出発することもあって、時間がなんとも足りないので、ごくごく簡潔な答えになってしまうことを、どうか許してください。

大樹玄承さんへ

「私は姫路市にある山寺の圓教寺と言うところの僧侶です」

おおー、書寫山圓教寺ですね。

山寺と謙虚にお書きになっていますが、西の比叡山と呼ばれる、天台宗の別格本山ではありませんか。

「私は抗議をしようと思っています。今までもチベット、ダライ・ラマ法王について、意見を持ちながら同じ仏教徒として何もしないまま来てしまいました。うちは天台宗に属していますが、恐らく他の教団同様に何もしないと思います。（中略）効果的な方法、間違いのない情報を得た上で、私は声を上げたいのですが、時間が経つばかりで、イライラしています」

わたしは、これを読んで、飛びあがりたいような、頭の奥が熱くなるような思いがしました。

あなたの勇気に、助力させていただきます。

「独研ではそういうサポートをしてくださるのでしょうか」

わたしが個人としてサポートさせていただきます。

まずはお会いしましょう。

大樹玄承さんからは、独研の総務部にメールも頂いていますね。

そのメールの中に、「有料でも構わないから貴研究所でサポートをお願いできませんか」という趣旨がありますが、もちろん無償で、わたし個人がサポートします。

独研は、わたしの個人事務所ではなく、またNGOでもなく、自立して（すなわち自前で食って）どこにも遠慮せずフェアに調査・研究ができるよう株式会社の組織になっています。ですから、独研の仕事にすると基本的に無償でなくなってしまいます。

そうではなくて、わたしが個人で取り組みます。

ただ、わたしのすべての動き、スケジュールは、独研の総務部秘書室が管理していますから、実際には、独研の秘書室にも協力を要請しますが、それであっても報酬その他のご心配は一切、要りません。独研の秘書室も、無償の協力となります。

大阪においでになれるということですから、来週の火曜日あたりをまず、お会いする日として想定しておいていただけますか？　可能でしょうか？

このあとは、わたしと、それから独研の秘書室からも、Eメールでご連絡を差しあげることになります。


（引用終わり）


この書き込みをしたあと、わたしは、独研の秘書室から、大樹師からはすでに独研の総務部に直接、Eメールもいただいていたことを知った。

ますます、大樹師は本気なのだと確信した。

第2節　本来の目的に集中する

わたしは、この大樹玄承師がすでに書かれたという「原稿」、おそらくは世界と日本の仏教徒、そしてふつうの市民に向けたアピール文をマスメディアで公表してもらうことが、いちばん良い出発点になるのではないかと考えた。

わたしが話を繋ぐことのできるメディアは、新聞、雑誌、テレビ、ラジオと一応は多岐にわたる。

そのなかでテレビを勧めようと決めた。

テレビなら、この高僧がきちんと姿を世に示すことができるし、生放送なら、何かの力が邪魔を入れようにも入れられない、また誤魔化しの余地がないから、放送に接するひとに嘘がないことを分かってもらえる。そう考えたからだ。

そこで大樹玄承師に連絡をとると同時に、まずは関西テレビの報道番組「アンカー」と交渉を始めた。アンカーは生放送だ。

二〇〇八年三月のある日、大樹玄承師は姫路市から、関テレのある大阪市までやってきてくださった。

関テレ二階の明るい喫茶店に、師は、僧服で静かな表情で現れた。そばには大樹慧承尼がそっと付き添っておられた。

師に原稿を見せていただき、わたしはこのまま進もうと確信した。

師と話していると、あのブログ・コメントにあったとおりの怖いと思う気持ちが、かすかによぎっては消え、消えてはよぎりしているのが分かった。

わたしは、あえて、それに気づかないふりをした。

師よ、あなたが「勇気」と題した、ぼくのブログ記事にコメントを下さったのは、偶然なのだろう。しかし、意味のある偶然だ。あなたの勇気こそ、ぼくらが、さらり連帯するために欠かせない。

そう考えていた。

しかし、「アンカー」には断られてしまった。

報道番組には馴染まないというのが、その理由だった。報道番組は客観的に事実を示すものであり、主張するものではない、そのように番組側から言われた。

うーむ。大樹玄承師が意思表示をすることは、チベットをめぐって日本仏教界のなかに、こうした意見があるという事実を示すことにほかならないのではないか、とも思った。

同時に、すくなくとも日本のテレビの報道番組にとって、中国などの圧力を気にするというより、確かに「馴染まない」感もある。

番組と揉めているより、できるだけ早く師にアピールしていただくことが大切だと考えたから、「アンカー」を諦め、同じ関西テレビの情報番組「ぶったま！」に交渉相手を切り替えた。

「ぶったま！」は、もともと自在な番組づくりをしてきたが、ほとんど即答で、ＯＫが出た。

放送の前夜から大樹玄承師と慧承尼には、大阪に泊まっていただくことになった。「ぶったま！」は朝からの生放送だからだ。

前夜、打ち合わせの席に、もう一度、師をお呼びした。

わたしは正直、師が一転、来られないことを心配していた。この夜に、大阪まで来られれば、もう翌日の朝には、生放送のスタジオに入っていただくことが決定的になる。

それを、ぎりぎりのところで回避される可能性も、あると考えていた。

そして予定の時間になったとき、関西テレビの会議室に、師はやはり僧服で、やはり慧承尼とともに、静かに入ってこられた。もうひとり、書寫山圓教寺から落ち着いたまなざしの僧が同行されていた。執事の金子峻祐師だった。

わたしは、こころから安堵しつつ、師の眼から迷いの色が払拭されるよりも、むしろ深まっていることが、はっきりうかがえた。

しかしスタジオ入りの時間や、番組が始まってから何分ぐらいあとに、ぼくのニュース解説コーナーが始まるから、そのときにカメラの前に立っていただき、思いを視聴者に向かって告げていただく、という打ち合わせをするうちに、師の覚悟がびしっと定まっていくのが感じとれた。

わたしは胸のうちで、こう思った。

最初から大上段に構えて、自分は正しいことをしているんだっ、と高みからおっしゃるのではなく、ほんとうは迷い悩みながら、それにみずから打ち克って、視聴者、国民にありのままの思いを告げられる。

それこそ、にんげんとして、高僧であるからこそ、わたしたちと同じくひとりの弱い人間として、素晴らしいのではないか。

だから、わたしはその夜も、師の眼のなかの色には何も気づかないふりをした。そして、もう何も心配しなくなった。

打ち合わせでは、何か演出めいた相談は、一切なにもしなかった。ショーアップなどしない。ひとりの仏教者の魂をそのまま、みんなに伝えてほしい。

わたしはそう思っていたが、番組のプロデューサーもディレクターも何も演出を要求しなかった。

彼らの信頼の深さを感じて、わたしは、無言のうちに感謝し、明日のアピールが、日本のみならず世界中の仏教者にとって、チベットの僧侶たちへの公式な連帯の挨拶となることの重さを思った。

そのアピールを手助けした以上は、わたしには生涯の責任が生じる。それをしっかりと受け止めたいと、関西テレビ一〇階の窓から、大阪の街の明かりを脳味噌と魂に刻みつけた。

そして翌朝、二〇〇八年四月五日朝九時五五分、いつものように軽快なテンポで番組が始まった。

メインキャスターの大平サブローさんと魚住りえさんの、さっぱりした明るい掛け合いから、大阪らしく阪神タイガースの奮戦ぶりを詳しく紹介する野球コーナーに入っていった。

そのあとに、ニュース解説のコーナーになる。わたしはふと、細かい打ち合わせが何もないままなんだなぁと、それが頭に浮かんだ。

大樹玄承師は、おそらくはテレビ出演がこれが初めてだ。わたしが最初に視聴者に紹介して、師に思いのままにアピールをいただく。

それはいいが、で、どんな段取りで？

と、ふつうならテレビ番組なら詰めていくはずだ。生放送であって、やり直しが一切きかず、しかも一分ではなく一秒が問題になる世界のテレビ・メディアなのだから。

その段取りを何もしていないのは、みんなが実は熱に浮かされているようになっているのではないか。

生放送中のスタジオで、野球コーナーが進行していきニュース解説コーナーが刻一刻近づくなかで、わたしはそう問い直した。

いや、熱に浮かされたのじゃない。とにかく演出が、みんな嫌だったのだ。

そう思い直した。


わたしは、この「ぶったま！」であれ「アンカー」であれ、生放送に臨むまえに、どれほど他の日程が詰まっていても、プールで泳ぐ。

わたしはテレビが本業ではなく、本業のシンクタンクの社長や物書きの仕事が日々、どっと押し寄せているから、徹夜か、徹夜に近い状態で生放送を迎えることが、哀しいぐらい多い。

そのひどい状態の自分で、視聴者に姿をさらし、話を聴いていただくのは、まさしく失礼だ。だからプールで泳いで、体中の細胞に活を入れて引き締めて、頭の回転もいくらかは良くなるよう努める。

プールから上がると、もう生放送までいつも、いくらも時間はないが、プールサイドのサウナで短時間、すわる。

汗を出すためよりも、おのれへのアフォリズム（警句）を吐くためだ。

早朝や日中のサウナは、いつもほぼ人がいない。わたしは口を大きく開け、人がいなくても声は出さずに、無言で叫ぶ。

「青山繁晴は、本来の目的に集中し、貫くべき志を貫き、ただ名誉ある死に至る」

わたしが得るものは、カネでもなく地位でもなく名声でもなく、ただ死だけである。しかし、その死は、士としての名誉ある死でありたい。成果はそれだけでよい。ほかには何もない。

わたしはテレビでも、講演や大学の講義でも、ひとさまに何かを話すと、そのあとに必ずといっていいほど、おのれの下手っぴぶりに自己嫌悪に陥る。

テレビのスタジオで、ほかの出演者たちがご自分の画像を熱心にチェックしているという話をしているとき、『ぼくは、とんでもないなぁ、自分の出てる画面なんて気持ち悪くて視られない』とひとり、考えていた。

このありさまだから研究不足になり、いつまでも下手な話しぶりがよくならないわけだが、テレビや講演・講義に限らず、いつも心がけていることは、ある。

それが「本来の目的に集中する」ということだ。

ぼくは子どもの頃、人の眼を気にする「ええかっこしい」だった。日本社会ではむしろふつうだろうが、これを超克する道を探すことが、ぼくの青春だった。

大学を卒業して新人記者になった頃だったろうか、激しい特ダネ競争のなかで、ある日、テレビのラグビー中継を視ていた。

伝統の早明戦で、わずかにリードされた早稲田のスタンドオフがノーサイド（試合終了）の直前に、絶好の位置でボールを摑んだ。

風のごとく疾駆する彼を視ていて、ぼくの頭に浮かんだ。

これだ。この選手が『これでトライ（得点）できれば、俺がヒーローになれる』と思って走っていたら、本来の目的にいちばん遠い。『これでトライできれば、みんなが喜ぶ』と走っていても、本来の目的にはまだ、どんぴしゃりじゃない。もしも『なんてラグビーは面白いんだ。この風になった俺で、一瞬にして逆転だ』と走っていれば、本来の目的そのままで、そしてきっとトライもできる。

そう考えた。

スタンドオフは見事にトライに成功し、早稲田は奇跡の逆転優勝を果たした。


それ以来ずっと、生きる上のどの場面でも「本来の目的」に徹することを考えてきた。

テレビ番組に参加するときの「本来の目的」とは、視聴者に伝えるべきを伝える、これだけだ。

自分が視聴者にどう見えるか、それは考えない。本来の目的からいちばん遠いから。

自分がどう見えるか、つまりはカッコいいのか悪いのかを考えれば、しょせんはテレビ出演が素人に過ぎないわたしは、一発でアガるだろう。

『おまえがどう見えるかなんて、まったくどうでもいい。テレビの前のみんなが、たとえば近づく総選挙で何をどう考えて投票するのか、そのヒントになったり、たとえば同じ庶民が北朝鮮に誘拐されたままになっていることを、どう考え何をしたらいいのか、そういうことにわずかでも参考になれば……それだけが目的だ。本来の目的だ』。それを生放送の直前に、いつもひとり、嚙みしめる。

さぁ、そして「ぶったま！」のニュース解説コーナーの時間がやってきた。
わたしはいつものように、カメラの前の立ち位置に立った。

第3節 「自ら考えていただきたい」

何台もの大きなテレビカメラの後ろ側には、師と、圓教寺の執事の僧が、淡々と座っておられた。

まず、VTRが流れた。

二〇〇八年三月一四日のチベット暴動からの動きを紹介する。中国四川省で公安当局が寺院を捜索し、チベット人五七二人を一気に拘束したこと、あるいはダライ・ラマ一四世の写真を踏むようにチベット仏教の僧侶たちに強要していること、さらにダライ・ラマが四月一〇日、訪米の途中で日本に立ち寄る予定について中国外務省の姜瑜報道官が「（ダライ・ラマが）どんな名目や身分でも、外国で祖国分裂活動にかかわることに反対する」というコメントを発表して、日本政府をあからさまに牽制したこと。

このVTRが終わって、まず中国の胡錦濤国家主席がこのさなか、来日する（二〇〇八年五月）ということについて、わたしが「（当時、首相の）福田さんがたとえば毒ギョウザとかチベット暴動について、あるいは北京オリンピックについて、まともに物が言えるという気が、みなさんしないでしょう？」と述べた。

そして「本来ならやっぱり来日を延期するべきです。事実、一時は延期の話もあったんですが、それがどうして五月の連休明けにやっぱり来ることになったかというと、それは中国側の強い要請なんです。要請っていうか、はっきり言うと要求ですね。つまり、毒ギョウザは日本が悪いんだと。日本で毒を入れたんだと、それからチベット暴動は内政問題だから口出しするな、それから北京オリンピックはスポーツの祭典なんだから政治的なこと言うなと、このようなことを、中国側ははっきり言うと日本、福田さんをダシにして、言いたいから来るのです」と続けた。

毒ギョウザとチベット暴動は、まだ、現在の読者にも、そのまま分かるだろう。しかし北京オリンピックについては、すでに、ここにこうやって記しても、わたしの発言の意味が汲みとりにくくなっている。

当時は、チベットの抗議の声を踏み潰して北京オリンピックを開くのかという、疑問の声が、日本だけではなく世界を覆い、中国の演出した世界をめぐる聖火リレーが激しい妨害に遭っていたのである。

日本も世界もあっというまに、忘れる。

だからこそ、こうした書に永遠に記していかねばならない。

わたしは「日本のマスコミはもっとしっかりしなきゃいけないんですが、中国はもうチベットが収まったかのように言ってるでしょう。日本の報道も、あっという間にもう静まりかけてるでしょ。ところが冷静にみると、こんなに、食い違っていますす」と続けた。

そして中国政府のチベット自治区主席が、「チベット族に三人の死者が出た」とだけ発表し、チベットの亡命政府は一四〇人が死亡したと発表した（いずれも二〇〇八年四月の段階。実際は、はるかに多いと思われる）ことに触れ、「（この時期にあえて日中首脳会談を東京でやるなら）中国に、ちゃんと情報を出しなさいという要求を、わたしたち日本がやらないと、日本の名誉もおかしくなる」と述べた。

そして「今日は、ここからがいちばん、肝心なところです。みなさん、実はチベット問題は、何よりもまず宗教の自由の問題です。日本もチベットも、仏さまのいらっしゃる国ですね。日本の仏教界から、これだけたくさんいる日本のお坊さんから、なぜ声が挙がらないのかということについて、とうとう日本の仏教界で初めて、そして日本のマスコミで初めて、お坊さんに来ていただきました」と紹介した。

キャスターのひとりの魚住りえさんが「はい。書寫山圓教寺から、ようこそお越し下さいました」と招いた。

ふたりの僧は、実にすんなりとカメラのこちら側に入ってこられた。

わたしは内心で感嘆した。まさしく本来の目的に集中されている気がした。日本の仏教の深さと底力を、ふたりの僧の静かな歩みに感じた。

キャスターの大平サブローさんをはじめ、出演者のみんなから「おはようございます。よろしくお願いします」と一斉に声がかかった。ふたりの僧の緊張を解きたいという思いもあったのだろう。あったかい声だった。

わたしは思わず「ぼくは今、感無量です」と述べ、「書寫山圓教寺について客観的な説明をしたいと思います」と続けた。「来ていただいたから大袈裟に言うんじゃなくて、この書寫山圓教寺というのは、ただのお寺じゃありません。これは西の比叡山と呼ばれる世界で有名なお寺であり、天台宗の別格本山であって、天皇皇后両陛下にとっても親しみのあるお寺です。その影響力のある圓教寺の執事長でいらっしゃる大樹玄承さんと、それから執事でいらっしゃる金子峻祐さんにいらしていただきました。実は前から存じ上げたわけじゃないんです。つまり、企んではいないんです。大樹さん、圓教寺のほうからぼくにまずアプローチがあったんです。ちょっとそのいきさつを、みなさんにお話しいただけますか」

大樹玄承師が口をひらいた。緊張はされていても、ご自分が目立とうとするのではないから、淡々と静かな口調だった。

そしてチベットのお寺と参拝者がメディアに映ったときのことを話された。

ほんらいはお線香の煙が立ちこめているはずが、それが感じられなかったことを指摘されたうえで、「（前略）チベット人のお坊さんがテレビカメラに近寄ってきて、いきなり泣き出して、『違うんだ』と、『この人たちは参拝者でも何でもないんだ』と言ったんです。『中国の監視員なんだ、自分たちを監視してる人なんだ』と。あれはもう命がけです」

大樹師は、チベットのお寺では実際にはもう参拝すら許されず、だからお線香の煙もなく、中国の工作員、監視員が寺を制圧して、しかも参拝者を装って、まるで平穏であるかのように西側メディアに撮影させている現状を、ずばりと明らかにされたのだった。

そしてわたしが「今日は、こういうお話だけじゃなく、いわば正式に文書を読み上げていただく決意をしてくださいました。その文書を今から読みあげていただきますので、みなさん、今日はほんとに耳を澄ませていただきたくて……」と続けたとき、出演者のひとりで熱血漢の山本健治・元大阪府議、通称ヤマケンさんが「これはもう、すごい大英断というかね、日本の宗教界というのはね、ほんとにこういうことについてね、一切言おうとしない。そのことに対してね、今、本当にね、信教の自由という立場でね、現職の僧侶がテレビのね、生番組でね、出てきて言われることなんて絶対これまで、ありませんよ。ものすごいぼくは尊敬しますよ」と言ってくださった。

わたしは勇気づけられ、「そうです。その通りです。やりかえしのきかない生番組に出てきたっていうのは凄いです」と答えて、大樹師の眼をみた。師の眼は、もはや何の迷いもなかった。

そして大樹玄承師は、手元の原稿を、何のてらいもない声で、読みあげられた。

いま、わたしたち日本の仏教者の真価が問われています。

チベットでの中国の武力行動によって、宗教の自由が失われることに心から悲しみと、やむにやまれぬ抗議を表明せずにはいられません。

わたしたちは、あくまでも宗教者、仏教者として、僧侶をはじめとするチベット人の苦しみをもはや、黙って見過ごすことができません。チベット仏教の宗教的伝統を、チベット人の自由な意思で護るということが、大切な基本です。

みなさんは、日本の全国のお坊さんがどうしているのかとお思いでしょう。

日本の各宗派、教団は日中国交回復のあと、中国各地でご縁のある寺院の復興に力を注いで来ました。わたしも中国の寺院の復興に携わりました。しかし、中国の寺院との交流は、すべて北京を通さないと、できません。ほとんど自由は無かった。

これからもそうだと、全国のほとんどの僧侶は知っています。

そして、日本の仏教教団がダライ・ラマ法王と交流することを、北京は不快に思うこともよく知られています。

あくまでも宗教の自由の問題こそ重大であると、わたしは考えています。

しかし、チベットの事件以来、三週間以上が過ぎてなお、日本の仏教界に目立った行動は見られません。

中国仏教界が大切な友人であるなら、どうして何も言わない、しないで良いのでしょうか。

ダライ・ラマ法王を中心に仏教国の歴史を重ねてきたチベットが、いま無くなろうとしています。

わたしたちは宗教者、仏教者として草の根から声を挙げていかなければなりません。

しかし、わたしの所属する宗派が、中国の仏教界関係者から抗議を受けて、わたしはお叱りを受ける可能性が高いでしょう。

このように申し上げるのは、わたしたちと行動を共にしましょう、ということではないのです。それぞれの御住職、檀信徒のみなさんが、これをきっかけに自ら考えて戴きたいのです。

オリンピックにあわせて、中国の交流のある寺院に参拝予定の僧侶もいらっしゃるでしょう。この情勢のなか、中国でどんなお話をされるのでしょう。

もしも、宗教者として毅然とした態度で臨めないならば、わたしたちは、これから、信者さん、檀家さんに、どのようなことを説いていけるのでしょうか。

わたしたちにとって、これが宗教者、仏教者であるための最後の機会かも知れません。

平成二十年四月五日

書寫山圓教寺　執事長　大樹玄承

スタジオのなかは、一瞬、静まりかえった。

次の瞬間、凄まじい拍手が湧きおこった。出演者だけじゃない、カメラに映らないスタッフたちもみな、手を思い切り叩いていた。演出じゃない。みなのこころのままの連帯の拍手だった。


師は「わたしも中国の寺院の復興に携わりました」と、傍観者ではなく中国と直接かかわった立場を明らかにしたうえで、「しかし、中国の寺院との交流は、すべて北京を通さないと、できません。ほとんど自由は無かった」とズバリ、抉り出した。

さらに「これからもそうだと、全国のほとんどの僧侶は知っています」と日本仏教界の逃げを断ち、「そして、日本の仏教教団がダライ・ラマ法王と交流することを、北京は不快に思うこともよく知られています」と問題の核心を明示して、「あくまでも宗教の自由の問題こそ重大である」と述べられた。

師がおっしゃった中国の宗教管理の実態は、日本の仏教界ではあまねく周知の事実でありながら、伏せられて、日本国民は知らなかった。宗教記者会にいたわたしも、知らなかった。

師は抉り出すだけではなく、それを踏まえて「中国仏教会が大切な友人であるなら、どうして何も言わない、しないで良いのでしょうか」と、みずからにも向けて、行動を提示された。

そして「ダライ・ラマ法王を中心に仏教国の歴史を重ねてきたチベットが、いま無くなろうとしています」と、あらためて正確な問題認識を示し、だが「このように申し上げるのは、わたしたちと行動を共にしましょう、ということではない」として、センセーショナルに煽り立てず、「これをきっかけに自ら考えていただきたい」とだけ述べる。

わたしはここで、胸が震えるような共感をおぼえた。わたしは常に、わたしたちしかこの国の主人公はいない、最終責任をとる者も、わたしたち自身しかいない、だから自律して独立して、みずから考えましょうと、わたしなりに命をカンナで削るように全国を歩いて、お話ししてきた。

わたしは仏教者ではない。そのわたしが天台宗の僧侶である師と、ここまでぴたりと一致する。日本の夜明けを感じないではいられない。


師は、一方で「わたしの所属する宗派が、中国の仏教界関係者から抗議を受けて、わたしはお叱りを受ける」とされ、圧力がかかるであろうことを、あえて預言された。

それがあるからこそ、次の言葉も重みと輝きが増した。

「オリンピックにあわせて、中国の交流のある寺院に参拝予定の僧侶もいらっしゃるでしょう。この情勢のなか、中国でどんなお話をされるのでしょう」

師は事前に、北京オリンピックが、にんげんの健やかな心身を高める場ではなく、まるでヒトラーのもとで開かれたベルリンオリンピックのように独裁国家の国威発揚として開かれるという懸念を示唆されていた。

その懸念にもとづいて、北京オリンピックに浮かれて中国に行く日本の僧が多いことを国民に初めて明かされた。

北京オリンピックという国威発揚のためにこそチベットが弾圧され、また北京オリンピックで世界の眼があるからこそチベット人が立ち上がったという認識のもと、「中国でどんな話しをするというのか」とすべての仏教者に迫り、「もしも、宗教者として毅然とした態度で臨めないならば、わたしたちは、これから、信者さん、檀家さんに、どのようなことを説いていけるのでしょうか」と、仏教者の枠をはるか超えて、ひとの道を、すなわち人間としての王道を説かれた。

師の、この衝撃的な言葉は「わたしたちにとって、これが宗教者、仏教者であるための最後の機会かも知れません」という、もっとも激烈な言葉で、あえて締めくくられた。

ご自分も含めて、この北京オリンピックとチベット弾圧の夏の真実を誤魔化すなら、もはや宗教者、仏教者であるというのは偽りになる、黙っているだけで、そうなる、知らん顔をしていては済まない、というまさしくおのれに厳しい言葉で、締めくくられたのだ。

だからこそ最後に、「書寫山圓教寺　執事長　大樹玄承」と、みずからの立場をあらためて鮮明に明示された。

拍手が静まるころ、ヤマケンさんが「キリスト教を信じようが、仏教を信じようが、イスラム教を信じようが、その全てをね、信教の自由をね、守ることが基本なんだという、もう心からの叫びをね、やっぱり出されたと思うんです。それをしっかりね、受け止めたいと思いますよ」と発言した。

メインキャスターの大平サブローさんは「ぼく、あの、今まで、そう言えばほんとにこういうメッセージを聞いたことないな、というのが、今、痛切に伝わってきました。ぼくらもほんとの意味でこれ、考えないといけないなー」と続けて発言した。

わたしはこれらの発言を聞いて、うれしくて「おっしゃる通りですね。ぼくは、この大樹師のお話に、大きな謙虚さを感じます。ひとつは決して政治に踏み込んでいなくて、あくまで宗教者として、宗教の自由についてお話をされ、それからもうひとつは、人のことを非難するんじゃなくて、ご自分の生き方を今、話されたでしょう?」と述べた。

ヤマケンさんがすぐ、「押し付けるつもりもないしね」と受けてくれた。

そしてわたしは、「そうです。この謙虚さは、仏教ということだけじゃなくて、この日本という国の国柄、わたしたちの名誉そのものじゃないですか」と述べ、「この件で最後に申したいのは、今この放送の中身は、たとえばアメリカのラジオ・フリー・アジアという放送でおそらくチベットに流れるでしょう。しかし、今まではそのラジオ局にかかってきていたチベット人からの電話がこの頃、ぱたっとかからなくなっている。つまり、中国の警察とか軍隊が家庭にまで入っていって、電話すらさせないようになってる状況と思われる。しかし、そういうなかだからこそ、チベットの僧侶にとって、初めて世界から、連帯の声が聞こえる。それがこの大樹師の声明です。みなさん、視聴者のかたがた、どうぞこの中身をインターネットでどんどん書き込んでください。中国はインターネットの規制もしてる、人民解放軍のサイバー部隊まで使って規制してるようですが、しかし、それでも、ネットの力で、この今のおふたりの勇気ある声が必ずチベットに届きます。そして、この勇気をみんなが共有して、それぞれの立場で声を挙げるということをやりませんか」と話した。

関西テレビは、志をもって、充分な時間を、テレビ放送にしてはまさしく異例中の異例の長時間を、わたしたちに渡してくれた。

キャスターの責任を担う魚住りえさんが「はい。今日はほんとにありがとうございました」と大樹、金子の両師に頭を下げ、ふたりの師は「ありがとうございました」と、再びの拍手のなかを去っていかれた。

第4節　これが出発点だ

放送のあとの反響は凄まじかった。

関西テレビへのEメールや電話はもちろん、わたしの個人ブログにも、おおくのコメントが寄せられた。


わたしは実は、生放送の二日まえに個人ブログに次のような、いわば予告の記事を載せた。

それまで番組を事前に知らせるようなことはしたことがなかった。わたしはタレントではなく、テレビ出演で食べている、いわゆるコメンテーターでもないから、宣伝につながるようなことは、しようという発想がない。

しかし今回は、まったく別だった。


（わたしの個人ブログからの引用）

緊急の、緊急の、大切なこと

二〇〇八年四月三日一五時四七分五五秒

みなさん、あさって4月5日の土曜日、関西テレビの「ぶったま」という番組を視てください。

関テレの放送地域でないかたも、電車や車で移動してくださって、視てほしいくらいです。

関テレと利害の関係がないぼくが、ここまで言うには、わけがあります。

チベットの民衆蜂起をめぐって、日本からやっと初めて発信される、ある良心に基づく訴え、アピールがあります。


番組は朝9時55分からです。

最初は阪神タイガースの大活躍を中心とした野球のコーナーです。

この番組は、報道番組ではありません。

だから最初は野球であり、そのあとも、ニュースと関係のないコーナーが続くかも知れません。

しかし、やがてニュースのコーナーになります。

そのコーナーでは今週、ぼくが生で、お話しします。

そして、今週だけは、ぼくのお話だけではなく、この国の心ある人がみんな待っていた、チベットをめぐる良心のアピールがあります。

何時何分頃になるのか、正直、ぼくには分かりません。

生放送ですしね。

もしも野球や、その他のコーナーを視たくないかたは（…こういうコーナーも、出演者やスタッフが頑張っていますから、できれば視てほしいですが）、たとえば、とにかくチャンネルを合わせていただいて他のことをしながら待っていただいてでも、その良心のアピールの時間を待ってください。

こんなお知らせをするのは、もちろん、その良心のアピールの勇気に応えるためです。

ぼくや関テレのためではありません。

（引用終わり）


この記事にすでに、反響が少なからずあった。実際の放送の前である。

書き込まれたコメントには、たとえば次のようなものがあった。

▼「ぶったま」みます。（ぽち）
二〇〇八年四月四日一七時一六分四七秒
今まで、色んな問題を頑張ってなんとかしようとしていらっしゃるいろんな方を見て尊敬して頑張って欲しいと思ってはいましたが、こうやってコメントしたりすることはありませんでした。「私一人が書かなくても他にもたくさん応援しているから……」と。
でも個人がたくさんあつまったら大きな流れを作ることができる、それを他人にゆだねて頑張ってもらっていてはいけないと、思うようになりました。

▼明日（miruby）
二〇〇八年四月五日〇時三三分五〇秒
仕事なので、予約しました。

アンカーで、いつもご自分の目で見てこられたことなど、一生懸命話してくれて、すごく勉強になります。この大阪から発信してくれていることも、なんだか嬉しく思います。

みんな口にしなくても、チベット問題など、熱い想いを胸に抱いてる人、多いです。

明日の「ぶったま」をきっかけにみんなの想いが解放されたら……と願います。

内容はまだ分かりませんが、この告知に勇気をもらいました。


それぞれが自分のこととして、捉えてくれている気配が、なにより嬉しかった。

もっとコメントを書き込みたいが、これは今でもネット上でフリーに読むことができる。読者が身銭を切って買ってくださる、この書物でこれ以上、紹介することは控えたい（なお、コメントで、わたしの名前を出して直接に応援して下さっている部分は省きました。コメントを書いたかたにとっては不満でしょうが、自己宣伝にしたくないので、ご理解ください）。

わたしは、放送のあと、次のような記事を個人ブログに載せた。

タイトルはあえて長くした。

「ことしの桜花はいつもより長く咲いている。ぼくらに、これが最後の機会だと教えるように」

（個人ブログの記事の引用）

二〇〇八年四月五日二一時四分五六秒

にんげんも、日本国民も、まだまだ捨てたものじゃないぞ。

それが今、大樹玄承《おおきげんじょう》師のチベットに向けたメッセージを聴いてくださった、多くの、ほんとうに思いがけず多くのかたがたの、共通した気持ちではないでしょうか。

実は、ゆうべ金曜の夜に、関西テレビの小さな会議室で顔を合わせたとき、師の眼には苦悩の色がありました。

そして、「青山さん、青山さんはブログに良心と勇気と書いてらしたけれど、わたしは、そんな大それた人間じゃありません」とおっしゃったのです。

ぼくは師の眼を見て、魂の眼を見て、「大樹さん、ぼくがつたないなりに、いつも視聴者のかたがたや国民のみんなに呼びかけているのが、大それた良心や勇気だったことは一度もありません。みんなが、その生活の場で、そのまんま、ほんの少しだけ、小さな歩みを踏み出しましょう、あるいは、ただ胸のなかで考えるだけでもいいのですと、言っているつもりです。明日の生放送は、たいへんなことです。しかし、同時に、小さな最初の一歩です。ありのままの大樹さんの思いを、静かに示していただければ、それだけでいいと信じます」と応えた。

師は、穏やかに頷かれた。

師の隣には、師の生きかたを支える、おくさま（尼僧）と、圓教寺執事の金子師がいらっしゃった。

このおふたりが、この夜に、控えめに、しかししっかりと「どうしたら公平な宗教者としてのメッセージになるか」について意見を述べてくださったことも、師が最後のちいさな迷いを超えて、最終の決意をされることに繋がった。

師は、まさしく衆生《しゅじょう》（命あるもの）の苦悩と共に迷われ、ためらわれつつ、そして、歩幅は小さいのに深い淵を一気に飛び越える、その勇気をみなに示されたのです。

そこがいちばん、凄いと、ぼくは思います。

巨大な国家の圧力に淡々と、強靭に、立ち向かい、隅々までしきたりがゆきわたった宗教組織と共存しつつ、にんげんの自由な、自律した意思を示すためには、この迷いを含んだ勇気こそが、有効なのだ。

ぼくはあらためて、今そう考えます。


みなさん、ありがとうっ。

みんなながね、ぼくの知らせにあんなに熱く反応してくれたからこそ、きょうの生放送が、最後まで揺らぐことなく、ほんとうに実現したのです。

みんな、かっこいいぞ！

われら大和の国の民の、名もなき名誉を、おのれの虚栄のためじゃない名誉を、世界に示しました。

きょうの主役は、大樹師と、師を見つめた、みなさんでした。

（引用終わり）

この記事にも、多くのコメントが付けられた。

そのなかのひとつに、こんなのがあった。

▼胸が痛みました（ぽん）

二〇〇八年四月五日二三時三三分一秒

「ぶったま」拝見しました。

大樹執事長さんの　謙虚ですが　その奥に秘められた思いが　伝わってまいりました。

苦悩された決断だったのでしょうね。

それなのに私は、何も出来ないでいます。

ただ、自分のブログで　細々と発信するだけです。心ある人たちへ　届く事を信じて……。

これからも　ご無理なさいませんように。

わたしは読みながら、思わず独り言を言った。「ご自分のブログで発信する、それは充分に行動されていますよ」

なかには、こんな行動派もいらっしゃる。

▼放送見ました（大阪の人）
二〇〇八年四月六日〇時一七分五秒
今日の放送を見て、居ても立ってもいられずに圓教寺へ行って来ました。もちろんチベット国旗をなびかせて。
現地に着いたのが遅かったので少しだけの参拝になりましたが、チベットの平和と大樹先生のご無事を祈念してきました。
大阪の地からも、チベットの平和を訴えて行きたいと思います。

わたしは感嘆しつつ「それぞれのやりかたで、お願いします」と思った。
その思いを、会ったこともなくても深く理解してくれるコメントもある。

▼無題（ランチ）
二〇〇八年四月六日二時三八分八秒
私の周りでも、かなりの反響がありました。
しかしいつもと違って「ただ感動した」と言うだけではなく、行動に移さなければとの想いを持つ者が殆どだったのです。

そして今日のＴＶを見た私達は、チベットを見つめ続ける事と同時に、書寫山圓教寺大樹玄承師を見守りつづけ、これから長く続くであろう圧力から目を反らさず支援し続けなければならないと考えます。


その通り、これはまさしく出発点だ。

ここまで読んできた読者は、「今はチベット問題は忘れられたようになっているじゃないか」と考えたひとも少なくないだろう。

中国は、軍と警察力によって、たとえばチベットの僧たちに「再教育」を施している。僧たちは、チベット独立運動どころか、ふつうの布教もほとんどできなくなっているのではないかと危惧される。

しかし、はっきりしているのは、なにも終わっていないことである。誰も他人事のように「今は静かじゃないか」と言ってはいけないことである。あなたこそが、肝心なのだ。

わたしはまず、関西テレビにお願いして、この大樹、金子師の放送のあと、おなじ「ぶったま！」で、反響についての放送も組んでもらった。

わたしは、その生放送で、「日本の仏教界から、チベット弾圧に対する抗議声明が初めて出たことについて、この番組とテレビ局にもすごくたくさんの、数百通ですか、メールとお手紙、来たそうです。ぼくのところにもメールと手紙があわせて一〇〇〇通近く来ました」と紹介し、「いずれも共通しているのは、中国を非難したりすることよりも、人間の良心として、チベットの心の自由とか宗教の自由が侵されてることを、わたしたちは知らん顔しちゃいけないんだなというのが、この大樹さんの行動でよくわかりましたということでした」と述べた。

そして、「この日本の声が、チベットのふつうの人に届くのが大切なので、実は大樹玄承さんにお願いをして、こないだ東京に来ていただきました。このかたと会ってもらうためなんです」。

スタジオの大きなモニターに、そのひとの顔が映し出された。

「ペマ・ギャルポさん。このかたは今、日本にお住まいの亡命チベット人です。しかもダライ・ラマ一四世、チベット人の心の支えのダライ・ラマ一四世の側近です。ダライ・ラマ法王を守ったために、兄弟、肉親を中国軍に殺害されて、この人も頭の後ろから銃弾が襲ってくるなかをチベットから脱出してきたっていう人です。このペマ・ギャルポさんと大樹さん、それからジャーナリストの西村幸祐さんとわたしを含めて対談をしました。西村さんが編集して本を緊急出版するための対談なんですけど、その時にペマさんが大樹さんから直接、テレビの生放送で日本の仏教者として初めてチベット弾圧への抗議の声を挙げましたってことを、このペマさんが聞かれて、うっすら涙ぐまれて、ものすごく感動されました。ただ感動するだけじゃなくて、ペマさんは、チベットの亡命政府や、チベット国内にいて苦しんでる、今回の民衆蜂起で逮捕されたりいろいろ苦しんでる人たちに対して、ルートをお持ちなので、日本の仏教界から声が挙がったっていうことを、もうこういうチベット人たちに伝えていただいたのです」

わたしは、こう視聴者に報告した。

「そしてもう一つ大事なことは、ダライ・ラマ法王がこないだ日本に立ち寄られて、空港から出られなかった。日本政府のだらしなさで空港から出られなかったけど、その後、ダライ・ラマはアメリカに行って、そこではもっと自由に行動され、『このままだとチベットがなくなってしまう、チベット仏教や文化が滅ぼされるっていうことはチベットがこの地上から消えてなくなるっていうことだから、みなさん、そこを考えてください』とおっしゃった。その言葉は、大樹玄承さんがあの放送でここに立って読まれた声明文の中にあったでしょう？『今チベットがなくなろうとしている』と。その意味でも、大樹さんの声明文は大事な声明文だったなと思うんですね。そしてそれがさらにもう一つ大きな動きにつながりました」

キャスターの魚住りえさんが「長野の善光寺が、北京オリンピックの聖火リレーの出発点を辞退するというニュースが飛び込んできました」と紹介し、わたしはこう述べた。

「善光寺の事務総長が、はっきりと『チベットに対する弾圧を憂慮する』と言って、そのことも理由として、もう聖火リレーからは外れますということを宣言しました。もちろん大樹さんの声明だけじゃないですよ。いろんな理由がありますが、ただぼくの取材した限りで言うと、大樹さんが声明出されてから、ものすごい数の『リレーを辞退すべきじゃないか』っていう、一般のふつうの人の、裏がないふつうの人からの手紙やメールや電話が殺到したという事実があって、辞退が決まった。仏教界もいろんなことに配慮しなきゃいけないから、はっきり言えない部分はあっても、ほんとうはあの大樹さんの最初の灯火が、このように伝わっていったと、みなさんに分かっていただきたいんですね」

チベットが中国に武力で併合されたのが一九五九年である。二〇〇九年にちょうど五〇年となった。その前年に北京オリンピックが行われ、開会式で多民族国家であるというイメージが演出されたのは、偶然ではない。

中国が、チベットの武力制圧をはじめとする覇道による覇権を、世界に認めさせようとしたのが北京オリンピックであり、わたしたちがあっという間に、『オリンピックはスポーツの祭典だからそれは別、そういえばチベットで暴動は確かにあった、それは覚えているけど、今はどうなったの？　すくなくともオリンピックとは関係ないよね』という感覚になることを、むしろ中国共産党はしたたかに知り尽くしていたと考えるべきだろう。

この書では、だからこそ北京オリンピックをもう一度、詳しく分析した。編集者からは「終わってしまったオリンピックについて詳述しすぎているのでは」というプロの出版人としては当然の懸念もそれとなく示されたが、わたしは読者はきっと真意を摑んでくれると信じている。

そして、大樹師の声明は今なお生きている。

たとえば「Japanese Buddhist protests the suppression in Tibet」というタイトルで英訳され、テキストも動画もネットで世界に伝わり続けている。

ネットを活用するのは、ふつうの生活者たちだ。そのふつうの存在こそ、覇道がもっとも通用しない相手なのである。

覇道が通用するのは、権力に媚びようとする政治家、官僚、民間のうち既得権益で潤うひとびとであって、そうでないひとびとは今、ネットという新しい武器を手に、成長し続けている。

わたしたちが諦めるのは、まだ早い。

そのためにも、ひとつ提案したいのは、現場に行きましょうということだ。

第5部　ザ・ゲンバ

第1節　逃げない

わたしは、たいへん意志の弱い人間である。

だから、おのれに明瞭な原則を課し、その原則を天下に公開している。

うちひとつは、ひとさまに広く何かを伝える、話すときには、推測と憶測をまじえないことだ。

現場で、当事者に直に聞き、そして当事者が必ずしも真実を語るとは限らないから、客観的な裏打ちができたことだけを、伝え、語る。


推測や憶測は、悪魔的なまでに魅力的だ。

にんげんの作る社会は、情報化社会という格好がつくまえから、いじわるな噂社会だから、話は常に、大きいほうが面白い。話を聴くほうは必ず、その面白さを無意識下で強烈に期待しているから、文章であれ声であれ表情であれ、話す立場にいることの多いわたしは、意志の弱さのままにしておくと、その期待に迎合してしまう。


意志が弱い、というのは謙遜ではありませぬ。社交辞令やお世辞をわたしは言わないが、無理な謙遜も言わない。

社交辞令やお世辞を、他のひとが言うのはまったく気にならない。それはそのひとの生き方だ。謙遜も、すこし過剰な謙遜をなさるひとも日本にはいるが、本気で『丁寧なひとだなぁ』とむしろ内心で好感を持つ。

わたしはただ、弱い人間として、おのれにはお世辞がないように、謙遜は過ぎないようにと肝に銘じている。

なぜか。

わたしは高校三年まで、自分がどのように人の目に映っているか、それを深く気にしていた。日本は、他に過剰に同調させるように求める社会であるから、思春期の男が、そのようになっていても珍しくはない。

しかし、それに加えて時代の背景があった。

わたしの世代の、かなり上が全共闘の世代である。このごろでは全共闘といっても分からないひとも増えたが、要は激しい大学紛争を主導した世代、これがわたしたちのかなり上にいて、すぐ上の世代は高校紛争の当事者だった。

大学の構内に学生たちがバリケードを築いて授業ができないよう封鎖する、といったことが長く続き、そして次第に下火になると、今度は高校生が職員室を封鎖したりした。

そして、わたしの世代になると、何もなくなった。

わたしが高校二年のとき、通っていた淳心学院というミッションスクールでも、その高校紛争が起きた。

上級生が高校三年を中心に職員室を封鎖して立て籠もり、「教師に問う、あなた方は教えるべき何ものかを、ほんとうに持っているのか」、「ぼくらは、このまま卒業して、あらかじめ決まっていることとして大学に進学していいのか」というスローガンを掲げて、学校側に「大衆団交」を求めた。スローガンというより、今から考えれば哲学的なテーゼというべきものかもしれない。稚拙ではあっても、根っこに触れる問いを含んではいた。

わたしは、それを黙って視ていることはできなかった。生徒会の委員長だったわが友、菊井豊くんたちと一緒に、生徒会に新しく「常任委員会」をつくり、それを根城にして、封鎖した上級生たちと、職員室から閉め出された先生がたのあいだに入って、大衆団交ではなく、まともな議論ができる場を作れないかと走り回った。

わたしを突き動かしていたのは、高級な理論でもなんでもなく、上級生たちも先生たちも真剣だから、下級生といっても放っておけないと思っただけだった。

ミッションスクールの庭には、背広の襟にピンを刺した私服刑事が何人も出入りするようになり、それは上級生たちにはやはり圧迫になっただろう。

わたしや、菊井くんが委員長の生徒会の動きは大した影響を及ぼさなかったが、上級生たちは先生と議論する場を持ってから、やがて封鎖を解き、この高校紛争は終わった。

終わって、上級生たちは大学に進学していき、今度はわたしたちが高三として大学に進むための受験勉強に専心する番になった。

わたしは前述したように意志のたいへん弱い怠け者で、しかも受験勉強がどうにも肌に合わなかったが、それでも模擬試験というやつは欠かさず受けて、それが受験勉強代わり、怠けているけど気分は全身隅々まで受験生になっていた。

そして、その高校三年の一一月、突然にわたしの胸にみずから真っ赤に焼けた鉄の串を打ち込むように、疑問が湧いた。

「おまえは、自分だけは安全圏に置いておいてから、すべてに関わったのじゃないか」

淳心学院は進学校として、高三になれば運動部や文化部のクラブ活動もすべて引退し、生徒会活動にも関わらない定めになっていた。だから高二の菊井くんが生徒会委員長だったわけだ。

現在の淳心学院は、どうも違うようだが、当時の淳心学院はこのように大学受験が絶対の体制だったから、わたしもそれを十二分に受け容れて、あらかじめ『俺だけは無事に大学を受けて、進学するんだ。まさか大学に行かないなんて、あり得ない』と本心では考えながら、表では、「このまま恵まれたコースを歩むように、自問もなく大学に進んでいいのか、という封鎖の問いかけを、先生がたも汲んでほしい。だから対等な議論の場を作ってほしい。封鎖は、それを条件に解いてほしい」と公言して活動していた。

なんて偽善的なのか。

おまえは、自分にだけは、そんな自問はしないとあらかじめ決めておいて、おのれだけは安全に大学進学できるようにしておいて、頭の薄皮表面だけで、あんな活動をしていたんだ。

わたしは、それに突然に気づいてしまった。

その高校三年の一八歳の秋から、わたしはこの鉄の串に、ひそかに胸の奥を焼かれ続け、慶大文学部を中退し、早大政経学部に入り直し、そうした日々の裏側で自分をばらばらに解体していった。

その永遠の不毛の自問自答がようやく終わり、社会に対する責任で背筋が伸びるようになったのは、たまたま入社できた報道機関の共同通信社で、記者生活がスタートし、生の現実に直接ぶつかるようになってからだった。わたしは二六歳になっていた。

ちなみに、共同通信の記者でいたとき、もっとも会社の意に沿うよう命じる上司、すなわち記者がみずからの良心に従って取材し記事を書くことよりも組織に従うことを強要してくるキャップやデスクは、大学時代に全共闘の活動家だったと胸を張るひとに多かったようにも思う。

記者クラブで、お追従を言うタイプの中堅記者が、新米記者だったわたしに「キャップはね、大学時代に全共闘の議長だったんだよ」と、そのキャップに聞こえるように言い、キャップは知らん顔をしながらグッと胸を張る。そして一分後には、本社の部長からの何やらお叱りの電話を受けて、キャップがわたしを含む記者たちに無理無体な注文をつける、ということが、ままあった。

記者を辞めたあと、「この国では、全共闘だったというひとたちがいちばん嫌い」と言う気鋭の女性イスラム学者と会って、むしろそれで初めて気づいた。わたしも胸の内では、全共闘であったことを誇るひとをあまり信用していないことに――。

話が逸れたので、元へ戻すと、わたしは「大学紛争のあとの高校紛争のそのあとの、何もない世代」に属するという時代背景のもと、自分の偽善は、この日本の世で、過剰におのれを社会や他人に同調させようとし、つまりは他人の目を深く気にしている、その生き方から来ていることに、わたしなりに気づいた。

だから、おのれの生き方としては、社交辞令やお世辞を言わない、無理な謙遜も言わないという原則を掲げるようになった。

それは逆に言えば、ひとのよい面をありのままに発見し、こころから尊重するということであり、その発見や尊重を、自分の利益のために使うのではなく、そのひとのためにこそたいせつにすることだ。自分を良く思ってもらいたいから謙遜するのではなく、欲呆けで意志の弱い自分であっても、ほんものの謙虚さを養うことによって、かろうじて、ひとや、社会、祖国、世界のために、わずかだけ貢献できるようになることだ。


このように生きようとすれば、世に発信する仕事をするときに、ひとさまには憶測や推測を伝えないという原則が、自然に、立ち上がってくる。

もちろん、わたしも憶測や推測をする。いや、ものごとの正体を摑むには、必ず仮説を立てることが必要だ。

当事者に会って、真正面から本音で話すべきをぶつけ合って議論する。あるいは、したたかな相手には思わぬ搦め手、すなわち諸国の外交官や軍人、政治家の立て籠もるお城の裏門から攻める。

そうしたとき、良質の仮説がどれほどまでに有効か。諸国を歩いてきた実感のなかで、それはもっともこの胸に残るひとつだ。

この良質の仮説を、おのれの鈍い脳味噌と、太っ腹でもないお腹のうちに組み立てるには、憶測や推測が欠かせない。

隠れている事実、あるいは表に露出しているからこそ、ほんとうの意味に気づきにくい事実、それらを把握するには、プロセスがある。足りない情報や、逆に過剰な情報にもとづいてまず、ひらめきも大切にしながら憶測し、推測し、それを一見は関係がないような他の状況と比べてみたり、非常に大まかな全体状況のなかに置いてみたりして、体系的な仮説にまで高めていく。

しかし、それはプロセスであって、ひとさまに伝えるときには、当事者から汲みとったリアルな事実、フェアな実状把握だけにするように懸命に努めている。

本書のような書物でも、講演会や、大学での講義、あるいはテレビやラジオでも、ひとさまに話すときにはすべて、その努力を絶対のものとして、おのれに課している。

すると当然、当事者に会うために、とにかく現場に入ることが、これも不可欠のアクションになる。

このつたない書では、わたしたちの祖国が再生の王道をゆくには、国境の問題から逃げないことがまず大切ではないかという問題提起から、出発した。

最後に、その現場に、みなさんと一緒に入りたいと思う。

第2節　侵されつつある島

日本には、国境の島がある。四方八方にある。そのいくつをも侵されている。あるいは侵されつつある。

侵された島からは、住民が押し出されて、本土の街や村に紛れて暮らし、本土の大半のひとびとが、奪われた島に関心を持たない。

それが日本列島に棲む、わたしたちのほんとうの姿だ。

その侵されつつある国境の島に、わたしは二〇〇九年の六月、相次いで入った。

まず対馬である。

長崎県の離島として、対岸の朝鮮半島とまぢかに向かいあう対馬だ。

対馬は、かつては明治政府によって「防人《さきもり》の島《しま》」とされた。ところが、いまや韓国があろうことか領有を声高に主張し、島内がハングル文字と韓国人観光客に占有される勢いだという証言もある。

ここに二〇〇九年六月二五日の木曜に入った。青年会議所（ＪＣ）がわたしを対馬に招いたのに応えた。ＪＣの二〇〇九年度の会頭は、沖縄ウチナンチュー（沖縄生まれ）、安里繁信さんだ。沖縄から全国規模の団体の長が出たのは、戦前戦後を通じて実にこれが初めてだという。彼は、その誇りと責任によって、沖縄が中国に侵される日をまともに懸念するＪＣであろうとし、だからこそ対馬で、わたしと彼との対談や、全国のＪＣの主なメンバーで島を歩くことを計画した。

わたしはこのＪＣの諸君と一緒に、対馬の海上自衛隊の防備隊本部を取り囲むように韓国資本のホテルや民宿が建っている現場などを視て歩き、海自の司令たちと議論した。

そしてたとえば、海上自衛隊の対馬防備隊本部にぴったり隣接して建てられた、韓国資本の「リゾートホテル」の内部に入り、携帯電話のカメラで写真を撮った。

写真の真ん中の森からは、海自の監視・情報収集体制で重要な役割を担う通信タワーが突き出している。いかに海自基地と近いかが分かる。海自の動きは、まずほとんど分かるだろう。

手前の白い建物が、韓国人の宿泊するコテージだ。

そのすぐ右側は船を着けやすい入り江になっている。なぜ船を着けやすいかと言えば、ここは帝国海軍がかつて建設した水雷艇基地の一部だからだ。帝国海軍のレンガ造りの倉庫なども敷地内に、そのままある。

こうしたコテージなどが、かなり広い敷地に点在している。ただし、コテージも他の施設も唖然とするほどの安普請であり、「なんちゃってリゾートホテル」と呼びたくなる。韓国の低所得層が利用する施設であることは一目瞭然だ。

この敷地は、もとは大洋真珠という会社の工場だった。それが倒産し、韓国資本がわずか五〇〇〇万円で買収したという。

内部を日本人に見せるのは異例だそうだ。終始、支配人という韓国人が付いて回っていた。わたしは彼の暗い眼つきをみたとき、事件記者のときにみた闇社会の住人の眼を思い出した。

青年会議所（JC）の諸君とともに、海上自衛隊の対馬防備隊司令から、基地（防備隊本部）のまわりの状況について、航空写真を使って説明を受ける。中央の海に面した基地を囲むように、韓国資本の「リゾートホテル」やペンションが隣接しているのが分かる。

天皇皇后両陛下が、わりあい最近に真珠づくりを視察され、その行幸啓の碑が、写真に写っているコテージの脇に取り残されたままだ。

こうした現場歩きのあと、対馬の中心部・厳原《いずはら》の街のホールで、ＪＣの安里会頭と対談した。対談というよりは、安里会頭の質問に答えていく形で、対馬をはじめ国境のたいせつな島々が奪われないように、何を考え、何をすべきかを訴えた。聴衆は、対馬市民と対馬市長、また対馬と同じ国境の島の代表として与那国島（沖縄県）の町長、そして北海道から沖縄までの文字通り全国から集まった日本青年会議所（ＪＣ）の会員たちだ。

わたしはまず、「韓国の観光客は年間に二一億円のおカネを対馬に落とし、それがそのまま経済効果として対馬を支えている」という長崎県の公表した統計を、とりあげた。

対馬は、人口が激しく減っていく島であり、韓国人観光客が増えていることは、軋轢はあってもプラスなんだと言いたげな発表だ。

ちょっと待ってほしい。

わたしの読者や視聴者のうち、対馬の出身のかたがたから事前に、「青山さん、対馬に入られるのですね。観光客として対馬に入る韓国人のうち、かなりの数が実は観光目的ではなくプロの釣り師や、ポッタリ屋が含まれているようです。対馬で落とすおカネは、長崎県などの統計よりずっと少ないのではないでしょうか」というEメールが届いた。

そこで、わたしなりに調べてみると、観光客として釜山などから対馬にやってくる韓国人のうち、実におよそ半数が、アワビなどを乱獲して韓国で高値をつけて売るプロの漁師や釣り師、あるいはポッタリ屋と呼ばれる「担ぎ屋」、すなわち日本で仕入れた物品を「自分で使う物」と言い立てて課税を免れ、韓国で売りさばく稼業のひとびとである可能性が高いことが分かった。

長崎県の統計は、こうしたひとびとを含めた「観光客」に、「あなたは対馬でいくらおカネを使いましたか」というアンケート調査を行ない、それを元にしているのだ。フェアにみてまったく当てにならない。

入国管理当局の関係者がわたしに非公式に示した情報では、日帰りで五回も六回も対馬に入っている韓国人が多数いる。ふつうの観光客とは考えにくい。

その大半が、前述したプロの漁師や釣り師、ポッタリ屋たちであろうと、この関係者はみている。

ポッタリとは、ハングルで風呂敷包みのことだ。

さらに関係者は「趣味で釣りに来たと称する観光客が、大きすぎる、重すぎる釣果入れ、つまりプロ用の冷凍ケースを持っていたり、自分で使う物を買っただけと称する観光客が、日帰りなのに山のように物品を抱えていても、あまり摘発できないんですよ。正直、日韓の政治的関係からして、韓国の声の方が大きいから」と電話で話した。

そして、もうひとつの実態としては、航空機を使って東京や京都で観光する韓国人よりも、釜山から目と鼻の先であってフェリーで行ける対馬に来る韓国人は、平均年収が低い。

観光業者らが接して雑談をかわしての実感ではおおむね一八〇〇万円前後の年収の「観光客」が多いとみられる。二〇〇〇万円を超えるひとももちろんいるが、そう多くないようだ。

長崎県の「調査」では、対馬で三万円前後のおカネを使ってくれることになっているが、年収一八〇〇万円前後のひとが、一泊二日の対馬の旅で三万円を使うだろうか。

第3節　戦争抑止のため対馬に自衛隊の戦闘部隊を

しかし、こうしたことで長崎県を批判したいのではない。

政府が、離島の振興を手薄のままにし、国境の島としての位置づけも低く、したがって自衛隊もごく少数の監視部隊しかいなくて、人数とロジスティックス（兵站）を必要とする戦闘部隊を置かないから自衛隊員が地元に落とすおカネも少ない。

だからこそ地元はつい、韓国人の「観光客」に過剰な期待をせざるを得ない。

同時に、地元も、足元をきちんと精査し、たとえば自衛隊の戦闘部隊、具体的には海上自衛隊の護衛艦や潜水艦を誘致するといった、自助努力がたいせつだ。

対馬には今、少人数の監視部隊がいるだけだ。海自の隊員にはテニスコート一面の「レジャー」があるだけで、だから地元に落ちるおカネはごく少ない。

そして防衛上も、対馬で何かあった場合、護衛艦は佐世保を母港とする護衛艦が来ることになるケースが多いだろうが、三時間はかかるだろう。潜水艦は呉を母港とする潜水艦が来ることになる場合が多いと考えられるが、一五時間以上はかかるだろう。

もちろん、そのときに護衛艦や潜水艦が母港にいるのか、どこの海域にいるのかによって大きく変わるが、いずれにしても迅速な対処はきわめて難しい。

韓国は北朝鮮ではない。それはその通りだが、事実として竹島をすでに侵略、不法占領している国である。

また、今では対馬も韓国領だと国会議員らが主張し、政府もそれをあえて止めない国である。

さらに同じ朝鮮半島には、難民や武装工作員の侵入の可能性が膨らみつつある北朝鮮がある。

その朝鮮半島に向かいあって、国境の、文字通りの最前線である対馬の護りが、これでいいというのは、明らかに国際社会の常識に反する。

したがって、護衛艦や潜水艦の対馬常駐を求めるのは、まさかまさか「右翼的な話」などではなく、国益と地元益とが合致する、たいせつな、しかも無理のない要求だ。

海上自衛隊の対馬防備隊の本部を、写真のホテルを含め、三か所の韓国資本の宿泊施設が取り囲んでいる。

しかし、それはメディアの報道ぶりや、あるいは事前に聞いていた「韓国が日本の防衛情報を盗む意図もあるとみられる」という話ではなかった。それなら、まだマシなのだ。

現場で把握した感触は、まったくそうではなく「韓国は、日本の自衛隊など気にしていない。どうせ何もできない集団だから、基地の近くであろうがなかろうが、きれいな海に面しているよい場所が売りに出て、日本には何も規制がないから、やすやすと手に入れたというだけ」、これが真実である。すくなくともわたしは、外交・安全保障の専門家の端くれとして、現場でそう痛感した。

これは、北朝鮮による拉致事件の根本的な構図とよく似ている。

すなわち、北朝鮮は「戦後の日本は、国民を誘拐・拉致されても、何もしない、特殊部隊で取り返しに来たりは絶対にしない国だ」と舐めきっているから、平然と、八六人から一〇〇人以上とみられる日本の庶民を誘拐・拉致した。

韓国も同じく舐めきっているから、海自の「防備隊本部」など屁とも思っていないのである。

これはメンツがどうのこうのという問題ではない。

それは自衛隊が、年間五兆円の税金をかけた戦力でありながら、まったく抑止効果を発揮しない集団であることを、まざまざと物語っているのだ。

だからこそ、対馬市民は、声をあげ手を挙げて、自衛隊の戦闘部隊を誘致すべきだ。


戦闘部隊とは、戦争をやるためにあるのではない。

逆だ。

戦争を起こさせない、抑止するためにある。

わたしたちの民主国家、日本のその基本が分かれば、胸を張って、戦闘部隊を誘致できる。


このフォーラムで与那国島の町長はわたしに「実は、与那国島も、陸上自衛隊の部隊を誘致しようと決意してるんです。手を貸してください」とおっしゃった。

これは、まずは対馬と同じ監視部隊だろう。しかし町長の眼差しと言葉にわたしは、西部方面隊にわりあい最近に置かれた「普通科連隊」、すなわち離島での専門的な戦闘能力を持つ初めての歩兵特殊部隊をいずれ誘致するという気もちを感じとった。

フォーラムが終わったとき、会場の市民から、何人もの主婦が駆け寄ってこられて「こういう話が聴きたかったんです。自分たちの島にほんとうに起こっていることが何かを、初めて理解できました」とおっしゃってくださった。

わたしは勇気づけられたが、そのあとに、ひとりの女性が「対馬市豊玉診療所　医師　吉田尚代」という名刺を出されながら、こうおっしゃった。

「わたしは七年まえに、小倉から、この対馬にやってきました。医師が足りないから。だけど、このごろでは歯がゆくて、歯がゆくて、たまりませんでした。韓国のあのマナーの悪い人たちに島のなかを滅茶苦茶にされても、韓国のおかげで潤っていると思い込んでいること、自衛隊がなんのためにいるのか分からないこと、すべて口惜しいことばっかりだったけど、きょう市民にあのように話していただいて、やっと初めて、気持ちが晴れました。みんな初めて聴いた話だと思います。ほんとうに良かったと思います」

そして女医さんは、肩をふるわせて泣かれた。

第4節　消えた「戦闘部隊」という言葉

わたしはこの日、朝六時半に、東京都心にほど近い自宅を出発し、羽田から福岡に飛び、福岡から対馬へ飛んだ。そして午前一〇時四〇分に、着いた。

わずか四時間ほどで、たとえば首都の都心部から国境の島に行けるのだ。

みなさん、ぜひとも対馬に入っていただきたい。

そして、現場を視て、地元におカネを落とすことで、国境の最前線を護ってほしい。

わたしは、この対馬入りに先んじて同じく国境の島、やはり日本の最前線である隠岐の島（島根県）に入って、市民のかたがたに講演した。

そして、隠岐の島は、竹島にもっとも近い島であるから、かつて竹島を漁場として生きてきた漁民のかたに船を出してもらい、竹島に続く碧い海をめぐった。

このときに何を視て、何を聞いたか、それはこのあとに詳述する。しかし、先に早く、みなさんにお話ししたいのは「できれば、この隠岐の島も訪ねてくださいませんか」ということだ。

そして、対馬周辺も、隠岐の島、竹島周辺も、人類が最後に手にする、最良の埋蔵資源であるメタン・ハイドレート、燃焼効率がもっともよく地球温暖化ガスの排出がもっとも少ないメタン・ハイドレート、そのなかでも質のよいものが世界でいちばん埋蔵されている海域なのだ。

わたしは、対馬のフォーラムで、「さぁ。宝の山という日本語を、宝の海という新しい言葉に代えましょう。そうやって、わたしたちの祖国の新しい希望を見つけましょう」と聴衆に語りかけた。

この対馬での集いを、「産経新聞」が報じてくれた（二〇〇九年六月二五日付朝刊）。

報じてくれたと書いたのは、対馬をめぐる産経の積極的な取り組みに敬意を表したいからだ。わたしが記事のなかに登場するためではない。わたしは売名には関心がない。

さて、その記事を一読して、わたしは苦笑した。いや、ほんとうは苦笑するというより『せっかく取りあげてくれたのに、読者に誤解を与える記事だなぁ』と残念に思った。

記事はまず、見出しが九州版ではこうなっている。

対馬問題で国境問題フォーラム
「戦闘部隊配置を」

記事本文は、こうだ。

（引用の始まり）

韓国資本による不動産の買い占めが問題化している長崎県対馬市の国境問題を考えようと、「対馬フォーラム～にっぽんを守る！『防人の島』の集い～」が25日、同市で開かれ、安全保障問題に詳しい評論家、青山繁晴氏が講演。「国境を本当に守るのなら、国は対馬に戦闘部隊を配置すべきだ」と主張した。

社団法人「日本青年会議所」の主催。同会議所のメンバーのほか、市民ら約３００人が集まった。

青山氏は、韓国資本による海上自衛隊対馬防備隊本部（同市美津島町竹敷）の隣接地買収について、「監視部隊しか置いていない日本は対馬を守る気はないと思われている」と指摘。「拉致被害者を本気で取り戻さない拉致問題と同じ構図」と危機感を示した。

（引用の終わり）

フォーラムでの、わたしの話を聴いていない読者は、この記事をどう受け止めるだろうか。

おそらくは『対馬に戦闘部隊を置いて戦え、と青山繁晴が主張したんだ』と解釈したひとが多いだろう。なかには『青山は、韓国と戦争をやれっていうのか』と驚いたひともいるのではないだろうか。

本書の読者なら、『戦争を起こさせないためにこそ、戦闘部隊を置いて、きちんと抑止力を持つべきだ』という趣旨であることを、きっと分かってくれるだろうが、この新聞記事だけの読者にそれを期待するのは、無理だ。

後段の、拉致問題との共通点をめぐっても、おそらくは真意は伝わらない。

フォーラムで述べた真意は、あらためて述べれば、こうだ。


北朝鮮はなぜ、たくさんの日本国民を、いわば好き勝手に拉致し去ったのか。

北朝鮮は、日本国内にいる工作員や工作協力者、あるいはマスメディアや政党、さらには官庁や自治体の内部にすらいる北朝鮮の「理解者」によって、先の戦争に負けたあとの日本の生々しい姿を的確に把握している。

一三歳の中学生でバドミントンのラケットを抱え自宅のすぐ近くまで帰ってきていた横田めぐみちゃんや、二三歳の留学生で海外をもっと知るアルバイトがあると騙された有本恵子さんをはじめ、日本国民を誘拐・拉致されても、なんらの実力行使もない国だと、北朝鮮はありありと見抜いていたからこそ、平然と、牢獄の国へ連れ去ったのだ。

それは事前の抑止力を日本国が持っていなかったことを意味する。

日本は戦争に敗れて、国民主権の国となり、世界は六〇〇〇万人の犠牲者を出して、他国をあからさまに侵略する国は、チベットを侵した中国のような限られた国となり、曲がりなりにも戦前とは異なる安全保障観のある国際社会となった。

そうだから、敗戦後のわたしたちは、主権国家の軍事力とは、戦争を起こすためにあるのではなく、戦争を起こさないためにあり、国際社会のフェアなルールを犯す相手に対しては、きちんと抑止力を展開せねばならない、それこそを学ぶべきだろう。

その抑止力を放棄しているからこそ、拉致事件は起きたのであり、対馬を韓国が領有を宣するという異常な事態となっているのも、抑止力を展開していないからという点では、根っこは同じことではないだろうか。


もちろん、こうした真意を新聞の限られたスペースで、そのまま語ることは、まったく無理だ。

前述したように、わたしはかつて共同通信の記者であり、それを二〇年近く勤めた。

共同通信の名前はなんとなく聞いていても、実務をご存じのかたはそう多くないと思う。日本の各地には実際には、新聞が三種類ある。「朝日」や「読売」のような全国紙、「北海道新聞」や「西日本新聞（九州各県）」のようなブロック紙、それから「東京新聞」、「徳島新聞」のように大半の地域にある地方新聞の三種だ。

このうち全国紙は、海外でニュースを取材する力が充分ではない。ブロック紙と地方紙は、その属する地域以外のニュース、すなわち中央の政治や、他の地域で起きた事件事故を取材する力が不足している。

それらをすべてカバーするのが、共同通信の役割だ。だから共同通信は、会社ではなく公益法人、具体的には社団法人だ。

全国紙には、海外のニュースを配信し、ブロック紙と地方紙には、それに加えて国内ニュースを配信する。

だから記者時代のわたしは、つまりは新聞記事を書いていたのであり、また、どの新聞でも使いやすいように、記事を短く、端的に、コンパクトにしなければならないということは、たとえば対馬のフォーラムを取りあげてくれた産経新聞の記者よりも、強く要求される。

その仕事を二〇年、続けたのだから、真意が伝わるような長い記事を書くわけにいかない、ということは、痛いほど分かる。

そんな記事を書いて、出先から送信すれば、デスクやキャップから怒声が返ってくる。

しかし、この対馬の記事は、それだけで説明できるかな、と思う。

書いた記者の技量などを問題にしているのでは、ゆめ、ありませぬ。

そんな先輩ヅラをするような傲慢なことはしない。わたしは記者ＯＢであり、最前線で取材メモをとり、それを記事にまとめていく現役記者こそが、新聞の鮮度を支えている。

ただ、この対馬のフォーラムを伝える記事の末尾を読んでいただきたい。

こうある。


（引用の始まり）

フォーラムの冒頭では、対馬市の財部能成市長と、東シナ海の国境、沖縄県与那国町の外間守吉町長が対談。財部市長は「国は周縁部の島への意識が希薄」と訴え、外間町長は「外務省はなかなか動かないが、『国境』は国がやるべき仕事」と批判した。

（引用の終わり）

この対馬市長と、与那国島の町長の対談は、見応えがあった。

ともに国境の島を現場で支えるひとの思いと言葉の交錯には、重い意味があった。

だから、そのふたりの対談を的確に伝えるには、ほんらいは長い記事が必要なはずだ。

しかし、このたった六行の記述は、対談の骨というべきものを、きちんと表現できている。表現そのものは生硬だし、言葉の繋がりも流れも、よくない。しかし伝わる。

同じ記者が、同じ紙面で、そして前段よりもさらに短くて、なぜ伝わるか。

テーマが、実は違うからだ。

対馬を国境の島として扱っていることは同じだ。そして、それは正しい。客観的な認識としても、正当だし、開かれたフォーラムの趣旨ともきちんと整合している。

しかし、わたしの講演内容に触れている前段は、そのなかでも、軍事的な側面が強い。

市長と町長の対談を紹介した後段には、軍事的な意味合いはない。

すなわち、国家安全保障に関心の深い産経新聞といえども、敗戦後の日本においては、軍事の受け止め方がステロタイプなのだ。

軍事といっても、兵器の仕様などのことを指すのではない。

わたしが防衛庁（当時）の記者クラブに属する共同通信・政治部の記者だったとき、陸幕、すなわち陸上自衛隊の幕僚監部で夕刻、広報担当の部屋にいた。

夕刻には、こうやって何人かの記者が広報に自然に立ち寄り、陸自の将校たちと雑談することも多かった。

その夕べは、同じ室内に、民放テレビ局の記者がいて、戦車のアンダースカート（正面の下部にある鉄の板）の形態の違いについて話していた。記者は夢中で、もう口が止まらないようにみえたが、その記者は兵器の細部を語るときは、いつもそうだったから、わたしは聞くともなく聞いていた。陸自の将校たちは、これもいつものように彼の知識の披瀝に頷くでもなく頷かないでもなく、穏やかに聴いているようにみえた。

と、ひとりの少佐（陸上自衛隊では三等陸佐と呼んでいる。国際社会の常識と基準にフェアに合わせるのなら少佐）が突然、大声でこう言った。

「あんた、いい加減にしたらどうだ。そんなもん、どうだっていいんだよ。それより、あんた防衛記者なら、もっと考えることも覚えることもあるだろ」

彼は、防衛庁記者クラブの自席にプラモデルを大量に飾り、兵器の専門誌の編集者をその席に招いたりしていた。

つまり今の日本では、軍事とは、こうした細部の趣味的な知識をどこまで覚えているかを競う分野であったり、好意的にみても戦術の分野にとどまっている。

国家の戦略や理念として語られる分野だと考えられてはいないのだ。

わたしは軍事オタクという言葉は使わない。それはアンフェアな決めつけだ。軍事の知識を深めることを趣味としているひとは確かにいるが、そのひとが戦略観を欠いているとは、まったく限らない。

わたしは共同通信から三菱グループのシンクタンク、三菱総合研究所に移ったとき、ある女性研究員から「青山さん、あれなんだっけ、空の識別がどうとかというやつ」と聞かれて、ふつうに「防空識別圏ですか」と答えて、まわりが「やっぱり軍事オタクだ」と笑うのを経験して、驚いた。

防空識別圏は、軍事的な知識とすら言えない、初歩的な外交・安全保障の用語だ。

わたしは、世に言う本物の軍事好きのかたがたとは比較にならないぐらい知識が薄いし、軍事オタクには決してならない理由もある。それでも、こういう経験をしたりするのは、軍事というものがいかに敗戦後の日本では忌避されてきたか、別の言葉で言えば、外国にすぎないアメリカ任せにしてきたか、そのためであり、産経新聞のようにそのタブーに積極的に挑戦している新聞であってもなお、軍事に対するコンセプト（概念）は、その頸木《くびき》から自由ではないのだ。

それが、この記事に表れている。

この記事は、東京版や大阪版では見出しが「対馬で国境フォーラム」に変更され、見出しからは「戦闘部隊」という言葉が消えた。

わたしが社長を務める独立総合研究所（独研）の研究員は、「これで社長が誤解される度合いは減ったでしょう」と言ったが、うーむ、そういうことではなく、もっと根深い問題である。

第5節　国際司法裁判所で王道を示す

そして、わたしはこの対馬へ入る直前、島根県の隠岐の島へ入った。

島根県には、韓国の侵略を受けて奪われてしまった竹島がある。その竹島にいちばん近い最前線が、この隠岐の島だ。

二〇〇九年六月一三日に入り、翌日の午前三時ごろ、漁港を臨む宿で、わたしは個人ブログの記事を書き始めた。


この書も終わりが近い。まだ書ききれないことが山のようにある。その思いのなかで、この個人ブログの記事を眺めていて、あの大樹師の声明のときと同じく、まず、この記事はそのまま掲げようと思った。

その時の呼吸がいちばん宿っているからだ。

（個人ブログの記事の引用）
最前線の夜明け
二〇〇九年六月一四日四時五分四五秒
みなさん、ぼくは今、国境の島、隠岐の島にいます。

隠岐《おき》の島《しま》（島根県）は、知られているようで知られていないけど、日本の海の最前線です。

竹島にもっとも近く、この島に棲む2万5千ほどの島民のかたがたは、島根県の全県のひとびと、それから鳥取県をはじめ近県のひとびとと連携して、懸命に竹島を取り戻す運動を続けているのです。

ぼくは、この隠岐の島の青年会議所（JC）の創立25周年の祭典に招かれ、きのう6月13日の土曜に、島に入りました。

そして記念講演をいたし、そのあと「大懇親会」に参加して、みなと心意気の酒を酌み交わし、いまは部屋でひとり、原稿を書いています。

隠岐の島の青年会議所（JC）は会員がわずか9人です。

しかし、近くの地域のJCの諸君が続々と駆けつけ、講演会には、島民のみなさんも強いまなざしで駆けつけてくれました。

懇親会では、島根県庁総務部の山岡尚さんというかたから、管理監・竹島担当という名刺をいただいて、感激しました。

山岡さんに「竹島担当！　島根県庁の心意気、取り組み、断固として支持します。前線にたつ自治体に竹島担当の部局があり、なぜ国にないのか。国にも竹島担当を置くよう、いっしょにやりましょう」と話しました。

山岡さんは、爽快に笑い、「はい、がんばりましょう」と答えてくれました。

この山岡さんの名刺には「かえれ島と海　竹島はわが国固有の領土です」と印刷され、「2月22日は竹島の日」とも、くっきりと記されています。

隠岐の島に入って、痛感するのは、竹島をも古くから漁場とする、この島のひとびとが、ご自分たちの生活と仕事の場だからというだけではなく、この祖国をどうにか立て直したいという思いで、こころをひとつにして竹島を取り返す自主的な運動にながく、しっかりと、たゆまず取り組んでいること、そして、その志と努力が、多くの国民に知られないでいるという悲痛な事実です。

ぼくに講演会に来てほしいという依頼が最初にあったのは、もう1年半も前です。

ぼくはもちろん、即座にお受けし、それから隠岐の島JCの野村竜平さん（監事・25周年実行委員長）、赤沼親志さん（理事長）、齋藤晋一さん（青少年開発委員長）をはじめとする若き面々は、ずっと努力を続けてこられました。

不肖ぼくが、2月末に腰の骨を5本折ったときには、いちばん「無事に開催できるだろうか」と心配されたそうです。

ぼくは今もまだ、5本のうち2本は繋がっていませんが、逆に言えば3本は無事、繋がっているわけで、いつものとおり、聴衆のかたがたのあいだを歩き、走りながら、下手くそながら講演を完遂しました。

ほんとうに、ほんとうに、みんなのおかげです。

野村竜平さんは、坂本竜馬から一字をもらってご両親が命名されたそうで、ぼくが無礼にも「竜平っ」と呼ぶと、快活に返事をしてくれます。

その船の出た久見漁港の岸壁には、竹島の大きな写真と「竹島かえれ　島と海！」の大書が掲げられている。一緒に船に乗ったみんなと、志を込めて記念撮影。わたしと肩を組んでいる右横が、八幡昭三さん、左横が八幡浩二さん。わたしの前にいるのが、斎藤愛美（まなみ）ちゃん、6歳。隠岐の島と竹島の未来を担う世代の「臨時代表」として、ずっとわたしと一緒に行動した。そして、この岸壁のまえに集うみんなは、いわゆる一般市民だが、日本国政府に代わって竹島を取り返そうと日常的に努力している、まさしく志士たちであるから、名前を記しておきたい。左端のふたりは、左から齋藤晋一さん、野村竜平さん。右端の三人は、左から赤沼親志さん、斎藤一志さん、横地洋公さん。

隠岐の島町の隠岐郷土館には、竹島の展示室がある。そこには、八幡家をはじめとする漁師のみんなが竹島に上陸した現場写真や、竹島の石が展示されている。それを、まなみちゃんと一緒に、じっくりと見ていった。

竜平さんは、講演会のまえに「ほんとうに来てくれた」となんども繰り返しながら、ぼくの顔をまじまじと見つめました。

そりゃ、来るよ。みんなの、この生きざまを見て、来ない男子はいない。

懇親会は、隠岐の島の伝統の婚礼行事（披露宴）を模して開くという、素晴らしいアイデアで、日本の最前線の伝統文化をしっかり肌に感じながら、痛快に、盃をあげました。

この地味ブログに集ってくれるみなさんにも、参加してほしかったなぁと本気で思いましたよ。

きょうの日曜は、この隠岐の島で、たいせつな対談をします。

それは、古くから竹島をも漁場とされ、竹島が古来、日本領であることの生き証人の八幡家、その現在のご当主である八幡昭三さんとの対談です。

八幡昭三さんの父上の故・八幡才太郎さんは、１９５４年6月14日、きょう２００９年6月14日・日曜からちょうど55年前のこの日に、武装した韓国官憲の不法占領のなかを竹島に上陸しました。

そして、日本領土と大書された古くからの標柱が破壊され、朝鮮領土と書き換えられてあるのを発見し、日本国島根県と書き直してこられたのです。

なにかの活動家じゃないのですよ。

ひとりの漁民として、生活者の権利として、みずからの漁場である海の竹島に上陸されたのです。

国民が、政府にできないことを、きちんと完遂したのです。

政府にできない…しかし、この当時はまだ、海上保安庁の艦船が八幡さんたちの行動を、支援していました。

漁師のみんなが竹島に上陸してみると、日本国島根県・竹島の標識が韓国によって勝手に壊されたり焼かれたりしていたという。そこで、漁師のみんなは写真のように「島根県穏地郡五箇村竹島」の標識を打ち立てた。この上陸は、海上保安庁の巡視船団の支援もあって実現した。当時はまだ、日本政府にもその心意気はあったのである。（隠岐郷土館・竹島展示室の写真を接写）

いまでは、こうした事実を知る機会すら、日本国民からほぼ喪われています。

きょうの八幡昭三さんとぼくの対談は、NHKの依頼にもとづいて隠岐の画像を撮っておられる、地元の斉藤さんが撮影し、いずれ設立する竹島のためのミュージアムに常設展示する動画にするそうです。

隠岐の島の夜明け

写真は、この隠岐の島の夜明けです。

左下の明るい灯火の船は、漁から戻ってきたイカ釣り漁船です。湾の出口には、これから早朝の漁に出て行く漁船も走っています。ちいさくて見にくいとは思いますが（いや、ごめんなさい、ほとんど見えませんが）、ふがいない政治家や官僚が竹島を外国に侵略されたまま捨て置くことにめげずに、生き抜く日本の漁民の心意気が、なんとか伝わってほしいです。

われらは海の民、みんなで、この隠岐の島を応援しませんか。

まずは、観光でもいい、隠岐の島という「現場」、ザ・ゲンバに行きませんか。

飛行機でも船でも、すぐに行けます。

ゲンバ主義は、誰でも決心さえすれば、どんどん実行できます。

おかねがないときは、それは仕方がないです。しかし、もしも何かの買い物をちょっと待ったり、飲み会を何回か延期したり、家族会議で意見が一致できたりしたら、最小限の旅費をこしらえて、この隠岐の島をはじめとするゲンバへ行っていただけませんか。

それだけで、最前線のひとびとへの素晴らしい応援になります。

（引用終わり）

この記事を書きあげて、個人ブログにアップしたあと、わたしは隠岐の島ＪＣの面々に案内されて、八幡家を訪ねた。

そこには、竹島を漁場としてきた証人を受け継ぐ、静かな意志をもつ漁師たちが待っていてくれた。

そして未知の貴重な資料にも満ちていた。

たとえば、竹島でのアワビ漁を詳細に記録した手書きの台帳がある。

それをみると、たったひとりの漁師がわずか一二日間、竹島で漁をしただけで、実に一四七〇キロのアワビが採れたことが記されている。

約一・五トンである。これが現在のお金に直すと、ざっと二〇〇〇万円ぐらいの売り上げになったことも明記されている。

この驚くほどの好漁場が今、韓国の手に落ちてからどうなったのか、日本の政府は知らん顔だし、隠岐の島の漁師たちも八幡家をはじめ知るよしもなかった。

ところが最近、この八幡家のまだ若い当主が、島根大学に研修でやってきている韓国人と知り合い、その韓国人が漏らしたという。

採って採って採り尽くすうち、竹島の海のアワビは、ただの一個もいなくなった。ゼロになった。ところが、昨年に、たった一個だけ再び採ることができた。そこで、その一個を韓国本土に持ち帰り、養殖しようとしている。しかし、そのノウハウが分からないから、島根大学にやってきたのだ。

この証言がどこまで正確なのか、また八幡家のひとの受け止め方が正確なのか、いずれも未確認であることはフェアに記しておく。

だが、乱獲が行われたことは、もはや疑いにくい。その乱獲は、対馬での韓国のプロ釣り師や漁師の姿と、そっくり、あまりにも似ている。

ほんとうにみずからの領土、領海だと思っていれば、ここまで酷い乱獲をやるだろうか。

人のものだと知っているからこその乱獲ではないか、それがリアルに疑われる。

そして竹島、隠岐の島、対馬には今、こうした豊かな、あるいは豊かだった海の幸のほかにも、あまりにたいせつな幸が眠っていることが確認されている。

本書でも、わたしの前著でも指摘した、人類最良の、そして人類最後の埋蔵資源であるメタン・ハイドレート、そのなかでももっとも良質と考えられるメタン・ハイドレートが、この日本海に、対馬、竹島、隠岐の島、そして新潟の佐渡島、北海道の奥尻島へと長く豊かに鉱脈を伸ばしているのである。

隠岐の島で伝統を誇る家系、八幡家の八幡昭三さんの船で、竹島に続く海をゆく。八幡家は、島の漁師たちとともに1954年、竹島に渡り、それが当面、最後に竹島に上陸した日本国民になった。すでに韓国が武力で侵略、不法占領を始めていた時期であり、それを承知で非武装の民間人が島を護ろうと動いたのである。

だからこそ韓国は、日本海を「東海」と呼べ、最低でも両名並記にしろと国際水路機関に対して賄賂も用いて激しい攻勢をかけているのだ。

わたしたちの自前の食料、水産資源の確保に加えて、日本を資源小国から脱皮させるカギが、この竹島、隠岐の島、そして対馬にある。

わたしは八幡家の漁師にお願いして、船を出してもらい、竹島の方角へ向かった。

竹島へ続く隠岐の海は素晴らしく青く澄み、それだからこそなんとも言えない悲痛の思いも、このよく手入れされた漁船の船上に漂った。

そして、そのあとに訪れた対馬では、韓国から押し寄せてくるゴミを、日本青年会議所の安里繁信会頭らと一緒に、海岸で軍手をはめて拾っていった。

拾っても拾っても、いや拾えば拾うほど、凄まじい悪臭がテトラポッドや砂の奥から突き上げてきて、まるで祖国をないがしろにする人間の運命を示唆しているようにすら思った。

ペットボトルや缶のゴミのほとんどには、ハングルがあった。日本のゴミもあるだろう。しかし、この現場は紛れもなく、韓国が対馬の浜を汚す主犯であることを示していた。

なかには、動物の頭の骨もあった。死んだ犬を海に捨てたのかと、わたしは考え、その開いた眼窩を、つくづく、若いＪＣ（青年会議所）の諸君と見つめた。

だが、このゴミを拾いに来る韓国の大学生も今や、現れているという。

希望がないわけではない。

その韓国の若い世代に、フェアネス、公正な日本の姿勢を伝えるには、まず国際社会での王道を示すことだ。

日本の国境の島が侵されている問題での王道はなにより、国際司法裁判所、あるいは国際海洋法裁判所で堂々と争うことである。

こう言うと必ず、外交官や政治家、評論家から、「そんなことを言っても、そうした裁判所は当事国がみな同意しないと、裁判を開けないのだから、机上の空論だ」という声が出る。

それが違う。

戦後の国際社会の仕組みを変えることは、日本にはできないと思い込んでいる、あなたがたこそが、日本の絶望なのだ。

日本は国連本部をはじめ、国際機関のほとんどを支えている。わたしたちの拠出した税金による日本の出資を欠いては、大半の国際機関は存続すら難しいのだ。

当事国すべての同意がなくとも、国連本部での討議と多数決によって国際司法裁判、ないし国連海洋法裁判が開始できるよう、改革を訴えたことは、日本は一度たりともない。

それを始めることこそ、日本の王道のひとつだ。

日本の著名な安全保障フォーラムで、わたしがこう発言すると、国連職員だった自民党参院議員の山本一太さんは「それはまったく無意味だ。日本がカネを出さないのなら、他の国が肩代わりするだけだ」と強い調子で言い、そして日本の政治家の常として「ほかの予定がありますから」と自分の意見を言い置いただけで中座していった。

国連職員らしい官僚主義にみずからが漬かっていることに気づかないのだなと、わたしは思った。やってみたこともなくて、やるまえから「意味がない」と断ずることに、どれほどの政治家としての意味があるのだろう。

これに比べて、竹島に上陸して「日本国島根県」という立て札を据えてきた漁師たちの行動力こそ、どれほど王道に基づいているだろうか。

もしも漁師たちが政治家に相談していたら、「それはまったく無意味だ。すぐに立て札が抜かれるだけ」という答えが返っていたのだろう。

これを思えば逆に、現在の日本の政治情況は、あるいは政治家の質は絶望に値しない。

むしろ自民党も民主党も問わず、すべての既成の政党が壊れ、既成の政治家が凋落していくことこそが、民の力による日本の再生を招くのだ。

日本は民主主義国家であり、この国の主人公も、最終責任者も、ふつうの民衆である。

その民衆が再生の主導権をとるのなら、これがわたしたちの国民国家のまさしく王道そのものなのだ。

終《つい》の節

この書を手にとっていただいたあなたは、とうとう、ここまで読み通してくれました。

最初の、序の節を記憶されているでしょうか。

この書を開いたら、すぐ軽く閉じていただきました。

それは扉の地図をもう一度みていただくためでした。

そして、いよいよこの書をほんとうに閉じられるにあたって、どうか世界の扉をひらいてくださいとお願いしたいのです。


この先、世界が何十億年、続こうとも、あなたは二度と生まれない。

永遠にただ一度切りの命を、あなたが生きるのは、壊れゆく旧世界なのか。新世界を、みずからつくって生きるのか。


わたしは先般、ある写真家に「生まれ変わったら何になりたいですか」とインタビューで尋ねられました。

こう答えました。

「もしも神さまから『人間への生まれ変わりは駄目だよ』と言われたら、ぼくはミミズになります。本気ですよ。ミミズになって地を這い回って、自分の罪を償わせてもらいます。生きている限りは、いろんなひとを傷つけたかもしれないし、そういう罪を償うためにミミズになって地を這い回ります」

わたしがある夏の日、沖縄のゴルフ場でボールの落ちた先に行ってみると、ボールの下で一匹のミミズが死んでいたのです。わたしは思わず「こんな下手くそな人間の打ったボールで死ぬなんて」と声に出して言いました。わたしはモータースポーツやスキーが好きでスピード狂ですから、ゴルフは苦手です。本気で『もっと上手なゴルファーのボールに当たるのならともかく、無念だろうなぁ』と考え、それが心に残っていたのです。

写真家は「青山さんが、ミミズですか」と驚いた表情になられましたが、ほんとうは、この答えには、もうひとつ含みがあります。

わたしたちの命に、意味らしい意味はない。仮に成功しても、棺の蓋を閉じれば、その成功もただ黒い土に帰していく。

たったひとつの意味は、わたしたちの命を子々孫々へと渡していく、ただそれだけであり、ミミズもモグラも、われらも同じです。

それを知って生きることこそ、究極の王道ではないでしょうか。

王道とは、最終的には国家にあるのじゃない。わたしたちの、ひとりひとりにある。

なぜなら国家の独立とは、まず国民ひとりひとりの独立があって、打ち立てられるからです。

わたしは近畿大学の経済学部で客員教授として国際関係論を教えています。

ゼミではなく大教室ですから、隅っこで寝ている学生がいます。

いると、必ず、何度でも何度でも、そうした学生のところへ行って、あえて同じことを言います。

「単位だけが欲しくて、この教室にいるのか。そんなくだらないことのために、きみの命を使うな。単位なんか、欲しければ、たった今、この場でくれてやる。だから眠ければ廊下で寝ろ。命がけで講義している教師と、真剣勝負で受講している学生のなかで、寝るな。このさき、人類が何百億年、生きようとも、おまえの命はたった一回だ。おまえという人間は、必ずこのたった一回しか現れない。おまえしかいないんだ。その命を、くだらないことに使うな」

何度、こう話しても、寝る学生はいます。こころは、ほんとうは重くなります。

しかし、わたしは屈しない。

なぜか。たとえば日本の大人は「今の若いひとは竹島の場所も知らず、いや、竹島という島があることすら知らない」と話し、テレビは、街頭インタビューで若いひとにマイクを向け、ほら竹島の存在自体を知らない、と放送します。

しかし、ちょっと待ってください。

日本の教科書には、長いあいだ、竹島なんて登場していなかったではないですか。韓国は独島と勝手に名前を変えて、これでもか、と言うぐらい教科書に登場させているではないですか。

これで学生や若いひとを、なぜ批判できるのか。わたしたち自身の生き方は、どうだったのでしょう。

それを考え始めれば、サミットが日本を含めたG8から、仮にアメリカと中国だけのG2になろうとも、日本のGDPがやがて中国に抜かれて世界第三位になろうとも、ちっとも慌てることはない。

わたしたちの二〇〇〇年国家が、幕末という国家の青春を持つことができて、なぜ明治国家に生まれ変わったか。

それは古い幕閣にひとが絶えていなくなったからです。

この書を手にとってくださり、表紙の新しい地図を地図として、これから歩んでいくひとが連帯すれば、わたしたち自身が新しい時代を開くひとになれるかもしれない。

それは世代、年齢も、貧富も、仕事も、ましてや性別も関係がない。


最後にもうひとつだけ申せば、そして捨てましょうということです。

え？　捨てる。

そうです。わたしたちの生きている間に、国が甦るのをみたい、その欲を捨てましょう。

アメリカは建国からわずか二三〇年あまりの国です。だから改革するとしても、早い。

わたしたちの祖国は、誇りある二〇〇〇年国家です。改革には、一〇〇年かかる。

だから、わたしたちの子々孫々の代に、わたしたちがもはや大地の土に帰ったあとに、国が甦る、そう思いきることが、本物の、そして最後の王道ではないでしょうか。

〈著者略歴〉
青山繁晴（あおやま　しげはる）
神戸市生まれ。慶應義塾大学文学部中退、早稲田大学政治経済学部卒業。共同通信社の記者（経済部、政治部など）、三菱総合研究所の研究員を経て株式会社・独立総合研究所（独研）を創立。現在､代表取締役社長・兼・首席研究員。近畿大学経済学部客員教授（国際関係論）。経済産業省の総合資源エネルギー調査会・専門委員、内閣府原子力委員会・専門委員、海上保安庁の政策アドバイザー。専門は、エネルギー安全保障、危機管理、外交・安全保障、国家戦略立案。テレビ、ラジオ出演や多数の講演をこなしている。
著書に、純文学の『平成』（文藝春秋）、ノンフィクションの『世界政府アメリカの「嘘」と「正義」』（飛鳥新社）､『日本国民が決断する日』（扶桑社）､『日中の興亡』（PHP研究所）などがある。

王道の日本、覇道の中国、火道の米国

2009年8月19日　第1版第1刷発行
2009年9月9日　第1版第2刷発行

著　者　青山繁晴
発行者　江口克彦
発行所　ＰＨＰ研究所
東京本部　〒102-8331　千代田区三番町3番地10
学芸出版部　☎03-3239-6221（編集）
普及一部　☎03-3239-6233（販売）
京都本部　〒601-8411　京都市南区西九条北ノ内町11
PHP INTERFACE　http://www.php.co.jp/

印刷所
製本所　図書印刷株式会社

ISBN978-4-569-70319-0